国家出版基金项目
NATIONAL PUBLICATION FOUNDATION

法治中国建设的理论与实践探索丛书

法治中国建设导论

主　编◎江必新

人民法院出版社

图书在版编目（CIP）数据

法治中国建设导论 / 江必新主编. -- 北京 ： 人民
法院出版社，2024.12
（法治中国建设的理论与实践探索丛书）
ISBN 978-7-5109-4063-7

Ⅰ．①法… Ⅱ．①江… Ⅲ．①社会主义法治－建设－
研究－中国 Ⅳ．①D920.0

中国国家版本馆CIP数据核字（2024）第031451号

法治中国建设导论

江必新　主编

责任编辑	马　倩
封面设计	天平文创视觉设计
出版发行	人民法院出版社
地　　址	北京市东城区东交民巷27号（100745）
电　　话	（010）67550526（责任编辑）　　67550558（发行部查询）
	65223677（读者服务部）
客 服 QQ	2092078039
网　　址	http://www.courtbook.com.cn
E－mail	courtpress@sohu.com
印　　刷	天津嘉恒印务有限公司
经　　销	新华书店

开　　本	787毫米×1092毫米　1/16
字　　数	198千字
印　　张	12.5
版　　次	2024年12月第1版　2024年12月第1次印刷
书　　号	ISBN 978-7-5109-4063-7
定　　价	56.00元

《法治中国建设导论》

主　编　江必新

撰写人（以姓氏笔画为序）

马世媛　江必新　李　洋

陈国庆　徐庭祥　黄明慧

戢太雷

总　序

从 1978 年进入当时的西南政法学院（现为西南政法大学）开始，我便与法治和法学结下了不解之缘。在跟随恩师张警教授攻读法制史硕士学位期间，我对中西方法制史和法律思想史作了广泛的涉猎；1985 年分配到最高人民法院研究室工作，开始对法理学和法治宣传学进行了一定程度的探究；1988 年进入最高人民法院行政审判庭工作以后，我转入对行政法、行政诉讼法和国家赔偿法的研究；2001 年挂职重庆市委政法委、2002 年担任最高人民法院领导职务（其间在湖南省高级人民法院担任三年多院党组书记、院长）之后，随着分管工作的变化，我结合审判实践的需要，开始对刑事法学、民商事法学、环境资源法学、涉外法治、知识产权法学等进行了阶段性的深入研究。2018 年担任全国人大常委会宪法和法律委员会副主任委员之后，我对立法学进行了较为深入的钻研。其间，为了改善行政诉讼和其他司法审判环境，不得不关注国家整体的法治建设。不难看出，我的研究在很大程度上属于业余的而非专业的；研究方向和重点在很大程度上因工作岗位的变动而转移；研究的轨迹是先历史，后基础理论，先部门法，后整体法治；研究的目的都是解决工作中面临的理论、实践问题和整体法治环境的改善问题。从党的十八大以后，我开始了对法治中国建设中的理论与实践问题的研究，2014 年出版的包括《法治中国的制度逻辑与理性建构》在内的"十八大与法治国家建设丛书"是一个重要节点。到目前为止，先后发表法治中国建设方面的理论文章近两百篇（接近我所发表文章的半数），相关专著十余部。

数十年的法治研究和探讨，使我越来越深刻地意识到，法治不仅是个人自由和其他权利的重要保障、社会秩序和安全的必要条件，而且是民族振兴发达的重要基础、国家长治久安的根本保证。在我看来，对法治的定义不应从先验的抽象原则出发，而应当从其实际演变历程出发；不应从固定的模式或单一的理想类型出发，而应从丰富多彩的多种类型出发。人类的法治文明经历了"以法治国""依法治国"和"法治国家"三个阶段或形态。"以法治国"阶段仅仅将法律作为治理工具，用不用、用多少取决于最高统治者的意志；"依法治国"阶段强调法在上、权在下，统治者必须依照法律治国理政；"法治国家"阶段不仅强调"法"的品质和质量，而且强调"治"的良善性。中国的法治文明同样经历了上述三个阶段。第一个阶段是漫长悠久的"以法治国"时代。早在春秋战国时期，"以法治国，则举措而已"（《管子·明法》）便由齐国宰相管仲提出。这一阶段的标志性成就是"律以正罪"的《唐律疏议》以及"典以范政"的《唐六典》。第二个阶段是锐意进取的"依法治国"时代。党的十一届三中全会提出"发展社会主义民主，健全社会主义法制"，并提出"有法可依、有法必依、执法必严、违法必究"的法治建设方针；党的十五大提出"依法治国，建设社会主义法治国家"，依法治国成为中国共产党领导人民治理国家的基本方略；1999 年我国《宪法》首次确立依法治国原则；2004年《宪法》首次确立人权原则。第三个阶段是波澜壮阔的"法治中国"建设时代。2013 年 1 月，习近平总书记就做好新形势下政法工作作出重要指示，首次从官方的角度提出了建设法治中国的目标。随后，党的十八届三中全会、四中全会、十九大、二十大以及二十届三中全会多次重申该目标。党的十九大和 2021 年 1 月中共中央印发的《法治中国建设规划（2020—2025 年）》明确提出了法治中国建设的时间表和路线图，即要在2025 年初步形成社会主义法治体系，2035 年基本建成法治中国，到本世纪中叶全面建成法治中国。党的二十大报告首次将"坚持全面依法治国，推进法治中国建设"作为专章部署。党的二十届三中全会提出，法治是中国式现代化的重要保障。全面推进国家各方面工作法治化。

古今中外的法治建设经验和教训证明：不是什么样的法都能治国，也不是什么样的法都能治好国；法治也有善恶优劣之别、高下逆顺之异。正因为如此，有必要本着理性的建构主义立场，能动地提出法治国家建设的目标，使法治的发展能给中华民族和整个人类带来福祉。同时，法治建设也是一场深刻的革命，是一个艰巨、复杂而长期的工程，不可能一蹴而就，需要久久为功。此外，法治自身也需要不断发展完善，需要在德（人本性、合正义性等）、智（科学化、智能化等）、体（体系化）、美（和谐性、可接受性等）、力（实施力、实现力、执行力、影响力等）、境（法治实施的环境等）诸方面得到不断的全面发展。

当前，我们正处在全面推进法治中国建设的新阶段，有必要从法治中国建设的目标定位、基本图景和推进路径三个层面，准确把握和深入理解我们正在从事的伟大事业。

首先，要明确法治中国建设的目标定位。我们党在历史上也先后提出过"发展社会主义民主、健全社会主义法制""依法治国、建设社会主义法治国家""全面依法治国、建设法治中国"等一系列概念。这些概念之间究竟是什么关系？为什么提出"法治中国"？要厘清这些问题，需要把握四点定位。其一，法治中国承继了人类法治文明成果。从《法治中国建设规划（2020—2025年）》来看，它包含了人类在漫长的法治建设过程中共同遵守的一些基本理念、价值、准则，例如宪法和法律至上、公平正义、法治平等、对公权力的监督与制约、尊重和保障人权、保证司法机关依法独立行使职权、良法善治等。其二，法治中国发展了依法治国理念。传统上讲，依法治国的核心理念是所谓"老十六字方针"，即有法可依、有法必依、执法必严、违法必究。但法治中国建设明确提出了"新十六字方针"，即科学立法、严格执法、公正司法、全民守法。这显然已远超依法治国的传统含义，其核心要求本质上是更加全面、实质的良法善治。其三，法治中国确立了全面依法治国的目标。以习近平同志为核心的党中央提出"四个全面"战略布局，包括全面建设社会主义现代化国家、全面深化改革、全面依法治国、全面从严治党。这一战略布局表明全面依法治国的目标是法治中国，全面依法治国是法治中国实现的过程和路径。其四，法治中国凸显了法治国家建设的本土特色。当今世界上，法治国家已有不少，每一个国家在法治建设进程中都有自己特有的理念、规则和道路，世界上没有两个法治国家是完全相同的。法治中国概念突出的正是我们要走中国特色社会主义法治道路，强调从中国的实际情况出发，解决中国问题，富有中国气象。

其次，需要明确法治中国建设的基本图景。建设图景所要回答的问题是：我们要建设的法治中国应当由哪些元素所构成。笔者以为，未来法治中国建设的图景至少包括以下四种层色：一是中国特色，这就是要坚持正确的政治方向，要走中国特色社会主义法治道路。中国特色所包括的主要内容是：坚持党的领导；坚持以人民为中心；坚持社会主义制度；坚持贯彻中国特色社会主义法治理论；坚持社会主义核心价值观；坚持从中国的实际出发，不照抄照搬别国的模式；坚持依法治国与以德治国相结合；坚持服务党和国家大局；等等。离开这八个坚持，法治中国建设就会失去"中国性"。二是法治底色，即要坚持人类关于法治的基本共识，坚持法治的基本理念、规则和价值。这些基本理念、规则和价值的主要内容包括：坚持宪法法律至上；坚持在全社会实现公平正义；坚持法治平等；坚持尊重和保障人权；坚持制约和监督公共权力；坚持保证司法机关依法独立行使职权；坚持公共权力机关法无授权不可为、法定职责必须为等部门法原则；坚持良法善治；等等。失去上述八个坚持，法治中国建设就会失去法治的基本性质。三是实践鲜色，即要根据中国和世界不断变化的形势和情况，确立新的理念，建构新的体制、制度和机制，从而保证法治中国建设的实践品质，增强法治中国建设的实践效能。四是时代亮色，即要根据时代的发展和人类文明的进步，充分运用全人类新的科学、技术、智识和经验，不断丰富法治中国建设的资源和内涵，从而永葆法治中国建设的先进性。

最后，需要明确法治中国的建设路径。一要明确法治中国建设的主要任务。我们认为，主要任务包括：建设中国特色社会主义法治体系是总抓手；确保宪法全面实施是首要任务；科学立法、严格执法、公正司法、全民守法是重点任务；在法治轨道上推进国家治理体系和治理能力现代化是核心任务；运用法治维护国家主权、安全和发展及核心利益是急迫任务；运用法治保障民族复兴伟业和现代化建设事业是常规任务。二要明确法治中国建设的推进方略。主要包括七个统筹：统筹依法治国与依规治党；统筹共同推进（依法治国、依法执政、依法行政共同推进）与一体建设（法治国家、法治政府、法治社会一体建设）；统筹国内法治与国际法治；统筹法治建设与法治改革；统筹法律制定与法律实施；统筹现实社会治理与网络社会治理；统筹法治体系和制度建设与法治文化建设；等等。三要明确法治中国建设的具体方式。主要包括以下五个结合：顶层设计、中间推动与基层创造相结合；问题导向、目标导向和效果导向相结合；条线治理（生态环境保护等）、区域治理（依法治县、依法治市、依法治省等）与基层治理（乡村、社区治理等）相结合；理论研究、理论指导与实践检验相结合；汲取中华优秀传统文化、弘扬红色法治文化、借鉴域外法治有益经验相结合；等等。四要明确法治中国建设的基本保障。主要包括政治、组织、队伍、思想、物质、科技等六大保障。

法治中国的全面建成，不仅需要一整套成熟定型的、好使管用的、能解决中国问题的、具有现代化性质的法律制度体系，而且需要各级领导干部老老实实抓法治、不折不扣践行法治、认认真真坚守法治，还需要全体社会成员切实尊法、学法、守法、用法。为了实现上述目标，笔者不揣浅陋，在习近平新时代中国特色社会主义思想尤其是习近平法治思想的指引下，在中央宣传部出版项目的资助下，在邵长茂、章志远、邓江源、乔宇、王琪璟、蒋清华、黄先雄、黄明慧、孙珺涛、戚太雷、曹梦娇等同志的友情帮助下，在人民法院出版社领导和编辑们的大力支持下，撰写和编著了这部法治中国建设理论与实践探索丛书。丛书共分 12 卷，包括《法治中国建设导论》《法律规范体系建设研究》《法治实施体系建设研究》《法治监督体系建设研究》《法治保障体系建设研究》《党内法规体系建设研究》《法治中国建设与党政合设合署》《法治中国建设与公私法融合治理》《法治中国建设与制度现代化研究》《法治中国建设与法治化建设研究》《社会主义法治国家建构原理研究》《法治中国建设重点工程研究》。笔者深知，人们对法治的认识和实践难以超出所处时代和地域的局限，同时法律制度不可能过于超前，否则也难以发挥规范作用和理想效能。正因为如此，这套丛书难免打上历史的烙印，难免具有诸多的局限性，尚有诸多的问题留待后人加以解决。不过笔者坚信，只要我们不忘法治建设的初心使命，坚韧不拔地朝着既定目标不断探索、勇毅前行，法治中国建设的夙愿和梦想，就一定能够实现！

江必新

2024 年 12 月

目 录
Contents

◉ 第一章 ◉

中国百年法制建设历程与经验教训

自 1921 年成立以来，中国共产党以其先进性和代表性，成为中国民主政治与法治建设的领导核心；百年来，中国共产党对法治孜孜以求，法治中国的建设步伐越来越坚定。习近平总书记指出："历史是一面镜子，从历史中得到启迪、得到定力。"[①] 在中国共产党建党百年、新中国成立 72 年之际，回顾、梳理中国百年法制建设实践的生成轨迹，反思百年法制建设的得与失，是为了推动法治中国建设再上新台阶，奋力谱写中国特色社会主义法治建设新篇章。笔者着重对中国百年法制发展历程作概览式描述，在此基础上，提炼、总结法制发展的经验和教训，以期为未来法治发展提供镜鉴。

一、百年法制建设的基本历程

中国共产党的百年恢宏历史，既是一部中国共产党带领中国人民推进中华民族从站起来、富起来到强起来的奋斗史，又是一部中国共产党带领中国

---

① 习近平：《论中国共产党历史》，中央文献出版社 2021 年版，第 9 页。

人民探索、建设、发展中国特色社会主义法制的历史。百年法制建设，经历了摸索与尝试、初创与严重挫折、恢复与发展、深化与创新四个阶段。这些阶段各具特点，都是我们总结中国法治经验时不可忽视或遗忘的重要部分。①

（一）新民主主义革命时期法制建设的摸索与尝试

从 1921 年 7 月中国共产党创建至 1949 年 10 月中华人民共和国成立，是百年法制建设的探索阶段，先后经历了建党早期、土地革命战争时期、抗日战争时期和解放战争四个时期。这一阶段，尚未取得全国政权的中国共产党在局部法制建设上进行了大量的探索和尝试，揭开了中国法制史的新篇章。

1. 建党早期（1921 年 7 月到 1927 年 7 月）

从 1921 年 7 月建党到中共三大之前，中国共产党一直处于秘密状态。这一时期是中国共产党自身建设和发展的重要时期，受革命战争环境所限，法治建设集中在三方面：第一，突出党规的建设。中共一大通过了党的第一个纲领和决议，二大通过党的第一部正式章程——《中国共产党章程》。第二，突出党的纪律建设。列宁指出："无产阶级在夺取政权的斗争中，除了组织，没有别的武器。"②中国共产党从成立伊始，就严格依照列宁主义建党原则来建立组织、严格纪律。中共一大通过的党的第一个纲领就包含了大量的纪律要求和党内监督的重要内容，③还规定在全党建立统一的组织和严格的纪律；地方组织必须接受中央的监督和指导。此后，每次会议都会增加、完善党纪方面的内容。中共二大通过的《中国共产党章程》专门设立了"纪律"一章，共有九条，对党员应当遵守的政治纪律和组织纪律作了严格规定。中共三大通过了《中国共产党中央执行委员会组织法》，第一次明确规定了党中央组织机构、职权分工、工作制度等。1925 年 1 月召开的中共四大强调"组织问题为吾党生存和发展之一个最重要的问题"，对党员和党的各级组织提出明确、严格的组织纪律要求。中共四大通过了《中国共产党第二次修正章程》，主要修改了关于纪律的规定。由此可见，中国共产党成立初期，就高度重视党的

---

① 钱弘道：《中国特色社会主义法治理论的四个渊源》，载《法治现代化研究》2021 年第 2 期。
② 《列宁全集（第 8 卷）》，人民出版社 2017 年版，第 415 页。
③ 张荣臣、蒋成会：《中国共产党建设 100 年 100 个坐标》，中共中央党校出版社 2021 年版，第 27 页。

纪律建设，并一以贯之。第三，大革命期间，党的工作大多围绕国共合作进行，和国民党合作期间的一些基本规则，也构成了这一时期法治建设的重要内容。

2. 土地革命战争时期（1927年8月到1937年7月）

1927年大革命失败后，中国共产党领导人民的反帝反封建斗争进入土地革命战争时期。中国共产党领导人民创立了中华苏维埃共和国，开始了破坏旧制度、建设新秩序的尝试，开启了法制建设的初步摸索，积累了大量法制建设的有益经验。这一时期法制建设的主要特点是：一是以建立、巩固政权为中心。1931年11月7日，中华苏维埃第一次全国代表大会召开，成立了中华苏维埃共和国临时中央政府。中华苏维埃共和国是中国历史上第一个全国性的工农民主专政政权，是中国共产党在局部地区执政的重要尝试。政权成立后，中国共产党就通过法制形式来表达自己的主张。中华苏维埃第一次全国代表大会通过了《中华苏维埃共和国宪法大纲》。新生政权成立后，捍卫新政权迫在眉睫。中国共产党迅速制定了一系列制裁与镇压反革命的法律文件。这些法律文件对维护新生政权、保护人民根本利益发挥了关键作用。二是以制定法令为首要任务。中央政治局将"建立苏维埃中央临时政府与各区政府来对抗南京国民政府，公布与实施苏维埃政府的一切法令"作为最紧迫的任务。这一时期，中华苏维埃共和国临时中央政府颁布了120多部法律、法令，包括苏维埃国家根本法、民法、刑法、婚姻法、经济法、劳动法等各方面的法律规范，虽然不尽完善，但还是初步建立了具有鲜明阶级性、时代性的法律体系。三是以建立权力监督体系为重要内容。苏维埃政权非常重视对权力的监督。中华苏维埃第二次全国代表大会后，中华苏维埃共和国颁布法规，建立了审计监督制度；中央审计委员会开展财政预决算审查、各种专项审计等。

3. 抗日战争时期（1937年7月到1945年8月）

这一时期，中国共产党在陕甘宁边区和其他革命根据地，集中开展了生机勃勃的法制实践，在民主政治、减租减息、土地改革、人权保障等方面进行了诸多富有创新性的尝试，制定了颇具根据地特色的法律、法令，形成、发展了大量法制理念和思想。法制建设主要有以下方面：第一，加强政权建设。抗日战争时期，中国共产党强化了政权建设：一是突出政权的民主性。

抗日根据地的政权是抗日民族统一战线性质的政权，即几个革命阶级联合起来对于汉奸和反动派的民主专政。1940年3月，中共中央发出《抗日根据地的政权问题》的指示，明确提出"在抗战时期，我们所建立的政权的性质，是民族统一战线的"。[①] 政权结构包括立法、行政和司法机关。边区（省）、县的参议会既是民意机关，也是最高权力机关。政府机关设边区（省）、县、乡三级。边区设高等法院，专区设高等法院的分院，县一级设县法院。[②] 二是实行民主政治。1941年4月27日，中共中央政治局批准《陕甘宁边区施政纲领》。实行民主政治，是抗日根据地政权建设的重要内容。实行议会民主制度，是最重要的民主制度，边区在乡、区、县各级选举的基础上，于1937年11月开始边区议会选举。1940年3月6日，中共中央发出《抗日根据地的政权问题》指出，在政权工作人员中，共产党员、非党的左派进步分子和中间派应各占三分之一。"三三制"本质就是民主政治，也为我国人民代表大会制度的确立提供了经验。在抗日根据地政权民主建设上，中国共产党实行了基层政权直接选举，边区人民创新了"投豆子"选举等多种朴实、有效的方式实现当家作主的民主权利，体现了真实的民主。除选举权外，罢免权的有效实施也构成了边区政权民主建设的一大特色。仅绥德一县，就有227个乡级干部，因贪污、办事不公而受到人民的指责或罢免。[③] 三是突出人权保障。根据地普遍重视人权问题。陕甘宁边区第二届参议会通过《陕甘宁边区保障人权财权条例》，山东省临时参议会通过《人权保障条例》，这些条例大多规定了"一切抗日人民，政治法律面前一律平等；人身不受侵犯之权利"等内容。第二，加强立法建设。这一时期是中国共产党立法的重要时期。各个革命根据地都进行了频繁的立法活动，制定和颁行了64个类别、数量达千件的法律法规，涵盖了宪法、刑法、民法、监狱等内容。第三，加强对领导干部监督。抗战时期，中国共产党非常重视对领导干部的严格监督。1941年7月，中共中央《关于增强党性的决定》通过，这是党的历史上第一个以增强党性为主

---

① 杨德山、韩宇：《中共党史简明读本》，华文出版社2016年版，第64页。
② 《中国共产党历史第一卷（1921—1949）（下册）》，中共党史出版社2002年版，第560页。
③ 侯欣一：《论陕甘宁边区法治实践的构建和谐社会之维》，载《上海师范大学学报（哲学社会科学版）》2006年第4期。

题的中央法规文件。1942 年春，中国共产党就开始了全党普遍整风。

4. 解放战争时期（1945 年 9 月到 1949 年 9 月）

这一时期，解放区建设主要内容是政权建设、财经工作和民兵建设。该时期的法制建设集中在巩固新生政权和完善土地相关法律规定两方面。总体而言，这一时期的法制建设主要沿用抗日根据地的法律制度，对确保解放战争的胜利，发挥了积极作用。

（二）社会主义革命和建设时期法制建设的初创与严重挫折

从 1949 年 10 月中华人民共和国成立至 1978 年 12 月党的十一届三中全会召开，是百年法制建设的初创与严重挫折阶段。这一阶段，可以划分为两个时期。

1. 法制初创时期（1949 年 10 月到 1957 年 6 月）

这一时期从新中国成立后到 1957 年 6 月反右派斗争扩大化。中国共产党成为执政党后，党的地位、角色、任务均发生根本变化。巩固和建设新中国，迫切需要法律保障。中国共产党提出了要依法办事，实行"有法可依、有法必依"的方针，对建立中国特色的法律制度进行了探索，为社会主义法制提供了源头活水，初步奠定了社会主义法制的基础。这一时期，法制建设主要有以下方面：

第一，废除了国民党伪法统，制定了共同纲领。新中国是以先破（砸碎旧世界）、后立（建立新世界）的方式建立的。这一时期，国家的主要任务是摧毁旧制度，建立新制度。1949 年 2 月，中共中央发出了《关于废除国民党〈六法全书〉和确定解放区司法原则的指示》，明确宣布将国民党政权制定的所有法律全部废除；同时规定在新的法律还没有系统发布以前，人民司法机关审判案件应以共产党的政策以及人民政府与人民解放军所发布的各种纲领、法律、条例和决议为依据。这一重要指示，阐明了新旧法律的界限，表明了新中国法律的价值取向。1949 年 9 月 29 日，中国人民政治协商会议第一届全体会议通过《中国人民政治协商会议共同纲领》。中国人民政治协商会议执行了全国人民代表大会职权，选举中央人民政府委员会。中央人民政府组织法规定，中央人民政府委员会"制定并解释国家的法律，颁布法令"。

第二，初步形成了社会主义法律体系。新中国成立伊始，中国共产党就将立法工作提上历史日程。1951 年 2 月，中央人民政府委员会通过《中华人民共和国惩治反革命条例》。1954 年 9 月，"五四宪法"通过。这一时期，在党的建设、司法制度、法学教育与研究等诸多方面，都形成了较为丰富的成果，笔者将在后文详述。

2. 严重挫折时期（1957 年 6 月到 1978 年 12 月）

从 1957 年 6 月反右派斗争扩大化至 1978 年 12 月党的十一届三中全会召开，是百年法制建设的严重挫折时期。这一时期，长达 20 年左右，民主法制建设经历了停滞、削弱。"文化大革命"期间，林彪、江青两个反革命集团利用毛泽东同志的错误，进行了大量祸国殃民的罪恶活动，酿成十年内乱，使党、国家、人民遭到新中国成立以来最严重的挫折和损失，教训极其惨痛。[①]具体表现在以下方面：

第一，民主制度遭到了严重破坏。从 20 世纪 50 年代后期开始，党和国家的政治生活逐渐不正常，个人专断、个人崇拜、个人凌驾于组织之上的现象滋长，对民主法制建设产生了严重侵蚀。

第二，法律虚无主义观念占据统治地位。1966 年"文革"爆发，受"极左"思想之影响，对中国传统的和苏联的法学理论进行全面否定，致使法律虚无主义蔓延，全国各个政法院校相继被撤销。维持社会治理的主要方式是靠开会、群众运动，而不是依靠法制。基本的法律理论和原则被批判。宪法失去权威、法律被普遍蔑视，形同虚设。

第三，立法工作基本处于停滞状态。一是整个社会处于无法可依的状态。从 1957 年到 1976 年，全国人民代表大会在长达 20 年的时间内，仅仅在 1960 年 4 月通过《全国农业发展纲要》，1975 年 1 月通过《中华人民共和国宪法》（1975 年宪法）。第三届全国人大及其常务委员会没有召开过任何一次会议，地方人大也是如此。全国人大常委会共制定 460 多件法律和其他法规，和 1951 年全年的立法数量相当。二是人民代表大会制度陷于瘫痪。从 1966 年开始，全国人大及其常委会停止工作。文化大革命期间，政协也几乎停止了一切活动。

---

① 中央全面依法治国委员会办公室：《中国共产党百年法治大事记》，人民出版社、法律出版社 2022 年版，第 101 页。

第四，公民权利受到严重侵害和践踏。大批干部和群众遭受无端打击，许多干部群众受到诬陷和迫害。据统计，全国大规模平反冤假错案工作期间，共纠正了 300 多万名干部的冤假错案，47 万多名共产党员恢复了党籍。①

（三）改革开放和社会主义现代化建设新时期法制建设的恢复与发展

从 1978 年 12 月党的十一届三中全会召开到 2012 年 11 月党的十八大召开，是改革开放和社会主义现代化建设新时期，也是百年法制建设的恢复重建、发展成熟阶段。党的十一届三中全会，冲破了长期"左"倾错误的严重束缚，明确把发扬社会主义民主、健全社会主义法制提到重要的历史日程，从此法制发展逐步走上正轨，法制建设迈入快车道。这一阶段，中国共产党确定了依法治国的基本方略，开展了法治领域各项改革，实现了从法制建设新时期到依法治国新阶段的历史性飞跃。法制建设主要有以下方面：

1. 开启了依法治国新征程

一是提出了依法治国的新理念。1978 年 12 月 6 日，《人民日报》发表了《坚持公民在法律上一律平等》，率先提出加强社会主义法制问题。12 月下旬，党的十一届三中全会提出"为了保障人民民主，必须加强社会主义法制，使民主制度化、法律化，使这种制度和法律具有稳定性、连续性和极大的权威，做到有法可依、有法必依、执法必严、违法必究"。1979 年下半年开始，学术界开始发表论述法治的文章。12 月 2 日，《光明日报》发表《要实行社会主义法治》一文，由此开展了法治和人治的大讨论。1994 年 12 月 9 日，曹建明（时任华东政法学院国际法系主任）进入怀仁堂讲解"国际商贸法律制度及关贸总协定"（此次讲座开启了政治局法制讲座的先河，到 2012 年共讲授 20 余次）。在这次法制讲座开始前的讲话上，江泽民首次提出"以法治国"。1996年 2 月 8 日，江泽民在第三次中央领导同志法制讲座结束时的讲话上，将"以法治国"改提为"依法治国"，并首次阐述了"依法治国"的具体内涵是："实行和坚持依法治国，就是使国家各项工作逐步走上法制化的轨道，实现国家政治生活、经济生活、社会生活的法制化、规范化；就是广大人民群众在党的领导下，依照宪法和法律的规定，通过各种途径和形式，管理国家事务，

---

① 《中国共产党的九十年（改革开放和社会主义现代化建设新时期）》，中共党史出版社、党建读物出版社 2016 年版，第 670 页。

管理经济和文化事业，管理社会事务；就是逐步实现社会主义民主的制度化、法律化。"[①] 二是深化了依法治国的认识。1989 年 6 月，党的十三届四中全会提出，社会主义民主法制建设要抓紧进行。1992 年 10 月，党的十四大提出，要积极推进政治体制改革，使社会主义民主和法制建设有一个较大的发展。1996 年 3 月，八届全国人大四次会议明确了把"依法治国、建设社会主义法制国家"[②] 确定为一项重大方针，并提出了任务和具体要求。1997 年 9 月，党的十五大报告中正式提出"依法治国，建设社会主义法治国家"，明确将"依法治国作为党领导人民治理国家的基本方略"。从党的十一届三中全会到十五大，从建设社会主义法制国家到实施依法治国基本方略，从"法制"到"法治"，中国用了近 20 年的时间。依法治国方略，是法制发展进程的必然结果，更是国家治理发展的必然要求。[③] 1999 年 3 月通过的《宪法修正案》，将"中华人民共和国实行依法治国，建设社会主义法治国家"载入《宪法》，[④] 使其正式成为国家意志。2002 年 11 月，党的十六大报告将"社会主义民主更加完善，社会主义法制更加完备，依法治国基本方略得到全面落实，人民的政治、经济和文化权益得到切实尊重和保障"作为全面建设小康社会的奋斗目标之一，要求到 2010 年形成中国特色社会主义法律体系。[⑤] 党的十六大报告还指出："发展社会主义民主政治，最根本的是要把坚持党的领导、人民当家作主和依法治国有机统一起来。"依法治国和依法执政同步推进。2004 年，党的十六届四中全会通过了《关于加强党的执政能力建设的决定》，对党的执政能力作出界定："就是党提出和运用正确的理论、路线、方针、政策和策略，领导制定和实施宪法和法律，采取科学的领导制度和领导方式，动员和组织人民依法管理国家和社会事务、经济和文化事业，有效治党治国治军，建设社会主义现代化国家的本领。"2007 年，党的十七大明确提出"全面落实依法治国基本方略，加快建设社会主义法治国家"。2012 年，十八大报告中，"依法"两字出现了 21 次，"法治"出现了 18 次。

---

① 《江泽民文选》（第一卷），人民出版社 2006 年版，第 511 页。
② 《十四大以来重要文献选编（中）》，中央文献出版社 2011 年版，第 824 页。
③ 江必新：《社会主义司法基本价值初探》，载《法律适用》2009 年第 12 期。
④ 《十五大以来重要文献选编（上）》，中央文献出版社 2011 年版，第 711 页。
⑤ 《十六大以来重要文献选编（上）》，中央文献出版社 2005 年版，第 15~26 页。

2. 改革和创新了立法体制

1979 年 7 月，五届全国人大二次会议修订地方组织法，确定县级以上地方人大设立常委会，赋予省、自治区、直辖市人大及其常委会地方性法规的制定权。1982 年《宪法》肯定了 1979 年地方组织法的规定。1982 年、1986 年地方组织法经历两次修改。2000 年 3 月通过了《立法法》，建立了完善的立法体制，使我国立法工作进入更加科学、更加民主、更为规范的新阶段。

3. 基本形成了中国特色社会主义法律体系

有法可依，是社会主义法制建设的前提和重点。党的十一届三中全会提出了社会主义法制建设的"十六字方针"，即有法可依，有法必依、执法必严、违法必究。党的十五大报告提出，到 2010 年基本形成中国特色社会主义法律体系。党的十七大提出，要完善中国特色社会主义法律体系。2011 年 3 月，全国人大常委会工作报告宣布，中国特色社会主义法律体系基本形成。"经过长期努力，我国形成了中国特色社会主义法律体系，国家生活和社会生活各方面总体上实现了有法可依。"截至 2011 年 8 月底，中国已制定《宪法》和现行有效法律 240 部、行政法规 706 部、地方性法规 8600 多部，[①] 基本、主要法律已经制定，各个法律部门已经齐备，这是社会主义法制建设的重大成果。改革开放后，中国法律体系的发展，也被哈佛法学院教授威廉·阿尔弗雷德称为"具有历史性意义的事件"。[②]

（四）新时代法制建设的深化与创新

从 2012 年 11 月党的十八大召开开始，中国特色社会主义进入新时代。新时代也是百年法制建设的全面推进依法治国阶段。党的十八大以来，以习近平同志为核心的党中央站在党和国家长治久安、长远发展的战略高度，厉行法治，法治在国家治理中的地位不断彰显，推进全面依法治国，党的领导、人民当家做主、依法治国有机统一的制度建设不断加强，法治建设不断取得历史性创新成就，实现历史性伟大变革。法制建设主要有以下方面：

---

① 中华人民共和国国务院新闻办公室：《中国特色社会主义法律体系》，人民出版社 2011 年版，第 10 页。

② ［英］罗纳德·哈里·科斯、王宁：《变革中国：市场经济的中国之路》徐尧、李哲民译，中信出版社 2014 年版，第 138 页。

1. 开辟了中国特色社会主义法治建设的新时代

一是全面启动法治中国建设。首先，提出了法治中国建设的总目标。党的十八大以来，党和国家在法治建设的目标上，共提出过四个概念：依法治国、建设社会主义法治国家、全面依法治国、建设法治中国。党的十五大首次提出"依法治国，建设社会主义法治国家"，党的十七大提出"全面落实依法治国基本方略，加快建设社会主义法治国家"，党的十八大提出"要全面推进依法治国"。推进法治中国建设是习近平在 2013 年 1 月 7 日就做好新形势下政法工作作出的指示中明确提出的。"法治中国"概念，这是全面依法治国的总规划总蓝图，① 是习近平对法治理论的重大创新。其次，确立了法治中国建设的总体框架。《法治政府建设实施纲要（2015—2020 年）》《法治社会建设实施纲要（2020—2025 年）》《法治中国建设规划（2020—2025 年）》陆续出台。这些重要纲要、规划，从顶层设计的高度，明确了法治中国发展的格局和方向，搭建了法治中国建设的四梁八柱。

二是深化全面依法治国。全面依法治国是坚持和发展中国特色社会主义的基本方略。这一重大认识在党的十八大之后的历次重大会议中，不断得以发展和升华。2013 年 11 月，党的十八届三中全会作出《中共中央关于全面深化改革若干重大问题的决定》。全面深化改革其中之一是建设法治中国，坚持依法治国、依法执政、依法行政共同推进，法治国家、法治政府、法治社会一体建设。2014 年 10 月，党的十八届四中全会作出《中共中央关于全面推进依法治国若干重大问题的决定》，开创了党的历史上中央全会专门研究部署法治工作的先河，作出了全面推进依法治国的顶层设计，加快了建设社会主义法治国家的历史进程。《中共中央关于全面推进依法治国若干重大问题的决定》指出，全面推进依法治国是关系我们党执政兴国、关系人民幸福安康、关系党和国家长治久安的重大战略问题，是完善和发展中国特色社会主义制度、推进国家治理体系和治理能力现代化的重要方面。《中共中央关于全面推进依法治国若干重大问题的决定》还为推进全面依法治国制定了路线图、施工图。2015 年 2 月，习近平在省部级主要领导干部学习贯彻党的十八届四中

---

① 张文显：《习近平法治思想的理论体系》，载《法制与社会发展》2021 年第 1 期。

全会精神全面推进依法治国专题研讨班上的讲话中，集中论述了全面建成小康社会、全面深化改革、全面依法治国、全面从严治党的逻辑关系，指出全面依法治国是三大战略举措之一。2017年10月，十九大报告将全面推进依法治国推向新阶段，强调全面依法治国是"中国特色社会主义的本质要求和重要保障"，是"国家治理的深刻革命"。十九大提出了成立中央全面推进依法治国领导小组等重大举措，2018年3月，中共中央全面依法治国委员会成立，这些都是法制建设的重大组织成果。党的十九届四中全会在党和国家发展史上具有里程碑意义，全会通过了《中共中央关于坚持和完善中国特色社会主义制度、推进国家治理体系和治理能力现代化若干重大问题的决定》，将"坚持和完善中国特色社会主义法治体系，提高党依法治国、依法执政能力"作为十三个重要任务之一，并位居第三。党的二十大报告指出，全面依法治国是国家治理的一场深刻革命，关系党执政兴国，关系人民幸福安康，关系党和国家长治久安。必须更好发挥法治固根本、稳预期、利长远的保障作用，在法治轨道上全面建设社会主义现代化国家。

2. 形成了习近平法治思想

十八大以来，以习近平同志为核心的中国共产党人，系统回答了新时代坚持和发展什么样的中国特色社会主义、怎样坚持和发展中国特色社会主义这个重大时代课题，创立了习近平新时代中国特色社会主义思想。习近平新时代中国特色社会主义思想包含着丰富的法治理论，集中体现了中国共产党在法治领域的理论创新。[①]2018年8月24日，在中央全面依法治国委员会第一次会议上，习近平提出了"全面依法治国新理念新思想新战略"。2020年11月，中央全面依法治国工作会议正式提出"习近平法治思想"。习近平法治思想系统回答了全面依法治国的理论和实践问题，是习近平新时代中国特色社会主义思想的重要组成部分，是全面推进依法治国的根本遵循和行动指南。这一重大思想具有原创性、时代性、创新性、系统性，具有重大现实意义和深远历史意义，推动法治中国建设迈上新高度。

---

① 王晨：《习近平法治思想是马克思主义法治理论中国化的新发展新飞跃》，载《中国法学》2021年第2期。

3. 完善了社会主义法律体系

在新时代，我国立法工作取得了长足的进步。截至 2023 年 9 月 1 日，我国现行有效法律 298 件。除编纂《民法典》外，其他方面的重要法律也陆续制定或修改。例如，国家安全方面：在新阶段，中国共产党从总体国家安全观的高度，补齐了国家安全方面的法治短板。2014 年出台《反间谍法》、2015年出台《国家安全法》《反恐怖主义法》。2020 年 6 月，制定了《香港特别行政区维护国家安全法》。10 月，通过了《生物安全法》。重要民生方面：2016年出台《公共文化服务保障法》，2018 年修改《个人所得税法》，2019 年制定《基本医疗卫生与健康促进法》。环境保护方面：先后修改《环境保护法》《固体废物污染环境防治法》《海洋环境保护法》《环境影响评价法》《海洋环境保护法》等法律，2020 年 12 月通过了《长江保护法》，这也是中国第一部全流域的专门法。2021 年 3 月，十三届全国人大四次会议表决通过关于修改全国人大组织法的决定，首次将全过程人民民主重大理念写入法律，立法工作踏上了在法治轨道上发展全过程人民民主的新征程。

4. 平安中国建设取得了显著成就

新时代，习近平提出了建设平安中国的战略目标。党的十八大以来，平安中国建设取得了举世瞩目的成就。我国创造了经济快速发展和社会长期稳定的"两大奇迹"，中国之治的优势更为彰显。2019 年人民群众对平安建设的满意度达到 97.38%，人民群众的平安质感不断增强。在平安中国建设中，中国共产党坚持源头治理、系统治理、综合治理，特别是坚持依法治理，用法治思维方式处理社会问题和矛盾，全面提升了平安中国的建设水平。

二、法制建设的基本情况

（一）宪法及其相关法

1. 新民主主义革命时期，宪法及其相关法的探索

中华苏维埃第一次全国代表大会通过了《中华苏维埃共和国宪法大纲》，规定政权的本质是："工人和农民的民主专政的国家。"政权属于"工人、农民、红色战士及一切劳苦民众"。从 1931 年 11 月到 1934 年 1 月，中央革命

根据地进行了三次民主选举，并颁布了选举法细则，许多地方参加选举的人占选民总人数的 80% 以上。

2. 社会主义革命和建设时期，宪法及其相关法的曲折发展

一是《中国人民政治协商会议共同纲领》的制定。新中国的法制建设，开始于《中国人民政治协商会议共同纲领》的制定。《中国人民政治协商会议共同纲领》第 17 条规定："废除国民党反动派一切压迫人民的法律、法令和司法制度，制定保护人民的法律、法令，建立人民司法制度。"《中国人民政治协商会议共同纲领》起到了临时宪法的作用，其与《中华人民共和国中央人民政府组织法》《中国人民政治协商会议组织法》构成了我国 1949 年至 1954 年这一时期的根本法。① 二是 1954 年《宪法》的制定。1954 年 9 月，第一届全国人民代表大会第一次会议全票通过了"五四宪法"。"五四宪法"确立了新中国的国体和政体，规定了公民的基本权利和义务，是一部"人民宪法"。作为中国历史上第一部社会主义类型的宪法，"五四宪法"的颁行，奠定了新中国宪法体制的基础，标志着法治中国建设迈出了关键一步。一届全国人大一次会议以《宪法》为根本大法，还制定了《中国人民政治协商会议组织法》《中华人民共和国中央人民政府组织法》《人民法院组织法》《人民检察院组织法》等重要法律。三是 1975 年《宪法》的制定。1975 年 1 月，四届全国人大一次会议通过了 1975 年《宪法》。1975 年《宪法》诞生于"文化大革命"期间，不管是基本原则，还是具体内容，都有明显的倒退。

3. 改革开放和社会主义现代化建设时期，宪法的新发展

1982 年 12 月 4 日，五届全国人大五次会议通过并颁布了第四部《宪法》，即"八二宪法"。"八二宪法"是在总结历史经验教训基础上，"坚持真理，修正错误"而制定的一部好宪法，在我国宪法史上具有重要地位。② "八二宪法"的颁布，标志着新时期社会主义民主和法治建设取得了阶段性成果。

4. 新时代《宪法》及相关法的全面深化发展

十八大后，中国共产党高度重视依宪治国，《宪法》实施达到了新高度。一是完善了《宪法》以及相关法。2015 年，全国人大常委会修改《立法法》

---

① 许崇德：《许崇德全集（第 6 卷）》，中国民主法制出版社 2009 年版，第 1736 页。
② 习近平：《论坚持全面依法治国》，中央文献出版社 2020 年版，第 9 页。

《地方各级人民代表大会和地方各级人民政府组织法》《选举法》《全国代表大会和地方各级人民代表大会代表法》。2018 年 1 月，十九届二中全会作出修改《宪法》部分内容的建议。2018 年 3 月，十三届全国人大一次会议通过了《宪法修正案》，这次修宪是现行《宪法》颁行以来修改幅度最大的一次，一个重要内容就是设立了监察委员会。2020 年修改《全国人民代表大会和地方各级人民代表大会选举法》，适当增加县乡两级人大代表名额基数。二是强化宪法权威。规定每年的 12 月 4 日为"国家宪法日"。建立宪法宣誓制度。严肃处理了辽宁拉票贿选等大案，维护了人民代表大会制度的权威和尊严。三是加强宪法的统一实施。首先，加强宪法监督。党的十九大报告明确指出"加强宪法实施和监督，推进合宪性审查工作，维护宪法权威"。2018 年 3 月 11 日，全国人大一次会议通过的《宪法修正案》第 44 条将全国人大法律委员会更名为"宪法和法律委员会"，同年 6 月，十三届全国人大三次会议通过《全国人民代表大会常务委员会关于全国人民代表大会宪法和法律委员会职责问题的决定》。该决定明确了全国人大宪法和法律委员会具有保证宪法实施、加强宪法监督、进行宪法解释、推动合宪性审查和加强宪法教育等职责。其次，加强备案审查。通过健全备案审查制度来加强宪法监督是党的十八大以来的一个鲜明特点。党的十八届三中全会提出了"健全法规、规章、规范性文件备案审查制度"。党的十八届四中全会强调了"要加强备案审查制度和能力建设，把所有规范性文件纳入备案审查范围"。党的十九届四中全会进一步要求"加强备案审查制度和能力建设，依法撤销和纠正违宪违法的规范性文件"。

（二）民法

百年来，民法的发展，在形式上可以总结为一部追求中国特色的伟大民法典的历史；在实质上可以被归结为一部民法（典）作为国家治理基本工具的观念在曲折中不断深入人心的历史。[①] 笔者从婚姻家庭法、民法的法典化等方面加以展开。

1. 婚姻家庭法制

新民主主义革命时期，婚姻家庭法制建设集中于土地革命战争时期和抗

---

① 张新宝、张红：《中国民法百年变迁》，载《中国社会科学》2011 年第 6 期。

日战争时期。土地革命战争是婚姻家庭法制建设的重要形成时期。《中华苏维埃共和国婚姻条例》《中华苏维埃共和国婚姻法》先后公布实施。《中华苏维埃共和国婚姻条例》《中华苏维埃共和国婚姻法》都采取章节结构，用语规范，确定了婚姻自由的原则，对结婚、离婚、财产和孩子的处理等问题作了细致规定。抗日战争时期，婚姻家庭法制建设进一步成熟。婚姻自由、婚姻自主，是这一时期婚姻制度的基本原则。边区还制定了实行男女平等的财产继承法。新中国成立后婚姻家庭制度的基本原则，大多沿袭了这一时期的规定。

法制初创时期，婚姻家庭法制建设得以进一步发展。1950 年 5 月 1 日，《中华人民共和国婚姻法》正式实施，这是新中国成立后制定的第一部具有基本法性质的重要法律。毛泽东认为，婚姻法是仅次于宪法的国家根本法。起草新婚姻法被提到中华人民共和国制度建设的高度，作为迎接新的人民政权工作的一部分。[①]《中华人民共和国婚姻法》废除了延续几千年的封建主义婚姻制度，提出的"男女婚姻自由、一夫一妻制、男女权利平等"等深刻推动了妇女解放事业的大发展。

进入新时代，婚姻家庭法制建设迎来新发展。2015 年 12 月 27 日，《全国人民代表大会常务委员会关于修改〈中华人民共和国人口与计划生育法〉的决定》的通过，标志着"一孩时代"的结束，"二孩时代"的开始。同年，出台《中华人民共和国反家庭暴力法》。2021 年 6 月 26 日，中共中央、国务院发布《中共中央、国务院关于优化生育政策促进人口长期均衡发展的决定》，实施三孩生育政策。

2. 民法典的制定

编纂一部属于中国人民的民法典，是新中国几代人的夙愿。毛泽东提出："不仅刑法要制定，民法也需要制定。"[②] 从 1954 年至 1958 年，立法机关对民法立法做了大量工作，掀起了第一次民法立法高潮，起草的草案及有关研究

---

① 《读懂中国共产党的思维方式》，党建读物出版社 2020 年版，第 230 页。
② 顾昂然：《新中国民事法律概述》，法律出版社 2000 年版，第 3 页。

资料累计约 950 万字。①1986 年 4 月 12 日，第六届全国人民代表大会第四次会议通过了《民法通则》，1999 年制定《合同法》。《物权法》《侵权责任法》《涉外民事法律关系适用法》等重要民事法律先后制定，中国民法制度逐渐成熟，这也为《民法典》的编纂提供了条件。经历了 1954 年、1962 年、1979 年和 2001 年四次酝酿，2020 年 5 月 28 日，十三届全国人大三次会议审议通过了《民法典》，这是新中国成立以来第一部以"法典"命名的法律，是新时代我国社会主义法治建设的重大成果。②《民法典》共 7 编 1260 条，在新中国历史上，是一部字数最多、篇幅最长、涉及最广的宏大法律，是民事法律规范的集大成者。③《民法典》是民事法律制度研究的终极成果，是民法学走向成熟的一个标志。

（三）行政法

1. 土地法律法规

第一，新民主主义革命时期，土地法制建设的探索。解决农民的土地问题始终是中国革命的根本问题。土地革命最早在海陆丰根据地开展，1927 年 11 月，海陆丰人民建立起苏维埃政权。11 月 13 日，在海陆丰召开的工农兵代表大会通过《没收土地案》。④1928 年 12 月，以毛泽东为前委书记的湘赣边界特委颁布了《井冈山土地法》，第一次用法律形式肯定了农民获得土地的权利，否定了封建土地所有制，这也是开天辟地的创举。1929 年 4 月，毛泽东主持制定了《兴国土地法》，同年 7 月，中共闽西第一次代表大会通过了《土地问题决议案》。⑤以上两个文件，将《井冈山土地法》中"没收一切土地"修订为"没收一切公共土地和地主阶级的土地"，并提出了"抽多补少"的具体分配原则。1931 年，中华苏维埃第一次全国代表大会通过了《中华苏维埃共和国土地法》。该法第一条就开宗明义地规定："所有封建地主、豪绅、军

---

① 杨立新：《百年中的中国民法华丽转身与曲折发展——中国民法一百年历史回顾与展望》，载《河南省政法管理干部学院学报》2011 年第 3 期。

② 习近平：《充分认识颁布实施民法典重大意义 依法更好保障人民合法权益》，载《求是》2020 年第 12 期。

③ 江必新：《〈民法典〉的颁行与营商环境的优化改善》，载《求索》2020 年第 6 期。

④ 《中国共产党历史第一卷（1921—1949）（上册）》，中共党史出版社 2002 年版，第 281 页。

⑤ 杨德山、韩宇：《中共党史简明读本》，华文出版社 2016 年版，第 39 页。

阀、官僚以及其他大私有主的土地，一律无任何代价地实行没收……雇农、苦力、劳动贫民，均不分男女，同样有分配土地的权利。"根据地的土地法律政策，极大地激发了农民支援革命、保卫红色政权的热情。

减租减息是抗日战争时期处理土地的基本政策。1942年1月28日，中共中央颁布《关于抗日根据地土地政策的决定》，2月4日发布《关于如何执行土地政策决定的指示》。抗战时期，为充分调动所有力量共同抗日，包括土地法律政策在内的很多法律政策都进行了相应调整。1946年5月4日，中共中央发布《关于土地问题的指示》，将抗日战争以来实行的减租减息政策，改变为实现"耕者有其田"的政策，并提出进行土地改革的具体政策和方法，标志着中国共产党土地政策的重大改变。1947年9月13日，中国共产党全国土地会议通过了《中国土地法大纲》，规定：废除封建性及半封建性剥削的土地制度，实行耕者有其田的土地制度，彻底平分土地的基本原则。这是抗日战争胜利后，中国共产党公开颁布的第一个土地制度改革的纲领性文件。

第二，社会主义革命和建设时期，土地法制建设的发展。1950年6月28日，中央人民政府委员会第八次会议通过《中华人民共和国土地改革法》，彻底结束了在中国延续两千多年的封建土地所有制。该法明确规定："废除地主阶级封建剥削的土地所有制，实行农民的土地所有制，借以解放农村生产力，发展农业生产，为新中国的工业化开辟道路。"

2.法治政府建设

政府为谁而建，政府如何建设，这是百年法制建设，中国共产党探寻的重要问题。在新民主主义革命时期，法治政府建设主要集中在以下两个方面：一是突出政府为民。中国共产党建立的政权要为民服务，这也是中国共产党的初心和使命。二是突出对干部、权力的约束。《陕甘宁边区抗战时期施政纲领》指出，人民有权利用任何方式控告任何公务人员的非法行为。

改革开放和社会主义现代化建设新时期，法治政府建设进入了快车道。一是法治成为政府建设的基本要求。1987年4月，全国政府法制工作会议第一次提出了政府法制。1993年，政府工作报告第一次提出"依法行政"。2004年国务院政府工作报告第一次提出"法治政府"概念。二是加强了法治政府建设的顶层设计。2004年3月22日，国务院印发了《全面推进依法行政实施纲要》，明确提出了"经过十年左右坚持不懈的努力，基本实现建设法治政府的目标"。[①]2008年3月，党的十七届二中全会通过《关于深化行政管理体制改革的意见》，确立了深化行政管理体制改革的指导思想、基本原则和重点任务。3月，十一届全国人大一次会议批准《国务院机构改革方案》。2010年，国务院出台了《关于加强法治政府建设的意见》，明确了法治政府建设的时间表，路线图。三是重要行政法律法规陆续制定。1989年制定颁布了"民可告官"的《行政诉讼法》。1990年，《行政复议条例》的颁布，标志着行政复议制度的建立。1994年，《国家赔偿法》通过，1999年《行政复议法》颁行。《政府信息公开条例》《行政许可法》《行政强制法》先后制定。

进入新时代，法治政府建设实现了全面发展。2015年底，中共中央和国务院印发了《法治政府建设实施纲要（2015—2020年）》，明确到2020年基本建成职能科学、权责法定、执法严明、公开公正、廉洁高效、守法诚信的法治政府。党的十八届三中全会提出，建设法治中国必须坚持法治国家、法治政府、法治社会一体建设。党的十八届四中全会提出，加快建设职能科学、权责法定、执法严明、公开公正、廉洁高效、守法诚信的法治政府的六项核心指标。党的十八届五中全会提出，依法设定权力、行使权力、制约权力、监督权力，依法调控和治理经济，推行综合执法，实现政府活动全面纳入法治轨道。特别是党的十九大以来，法治政府建设迈向新征程。2020年11月，中央依法治国工作会议强调，法治政府建设是法治国家建设的重点任务和主体工程，要率先突破。党的二十大报告指出，法治政府建设是全面依法治国的重点任务和主体工程。

（四）经济法

法是社会关系的集中反映，经济法尤其如此。中国经济法制的发展始终同中国经济的发展紧密联系。

1. 新民主主义革命时期的经济法制建设

土地革命战争时期，为应对国民党当局的疯狂围剿和经济封锁，苏维埃政府领导根据地军民开展经济建设，在发展生产、繁荣经济方面，出台了一

---

① 《十六大以来重要文献选编（上）》，中央文献出版社2006年版，第4页。

系列法律和有关制度，通过了《中华苏维埃共和国劳动法》《中华苏维埃共和国关于经济政策的决定》等重要法律文件。抗日战争时期，边区政府制定了劳动法规，颁布了一系列改善工人待遇、保护工人权利和调整劳资关系的办法，既有利于调动工人的积极性，也照顾到雇主、资本家的合法权益，[①] 做到劳资两利、公私兼顾。1944 年 9 月，晋察冀边区行政委员会出台了关于保护农村雇工的规定，对女工童工限定工作量、适当确定工资。为促进经济建设，根据地政权颁布了规范根据地金融秩序、打击走私等方面的法律和规定，为抗日根据地的经济发展创造了良好条件。

2. 改革开放和社会主义现代化建设新时期的经济法制建设

中国经济法理论研究是 1978 年国家实行改革开放以后才兴起的。[②] 中国经济的发展是经济法发展的直接动力。1992 年党的十四大确定我国实行社会主义市场经济体制后，经济法制便出现了立法的高峰期，涉及市场经济领域的法律密集出台。1993 年，《产品质量法》《消费者权益保护法》《反不正当竞争法》先后出台。1993 年 12 月 29 日，《公司法》正式通过，这部有 230 个条文的重要法律，对规范、促进社会主义市场经济发挥了重要作用。1994 年，《广告法》颁行。

（五）刑事法律

1. 新民主主义革命时期，刑事法律法令制定的探索

早在土地革命时期，中国共产党就开始了刑事法制的探索。1933 年，中央执行委员会发布《关于惩治贪污浪费行为》训令，严肃查处各类腐败案件。《关于惩治贪污浪费行为》规定："苏维埃机关、国营企业及公共团体的工作人员，贪污公款达 500 元以上者处以死刑，300 元以上 500 元以下者处以 2 年以上 5 年以下监禁，100 元以上 300 元以下者处以 2 年以下监禁。" 1934 年，中华苏维埃第二次全国代表大会召开，会议指出："应该使一切苏维埃人员明白，贪污浪费是极大的犯罪。" 抗日战争时期，从革命根据地法制实践看，刑事法律占重要的地位。这一时期刑事法律的重心是锄奸反特，兼顾惩治盗匪。

---

① 《中国共产党历史第一卷（1921—1949）（下册）》，中共党史出版社 2002 年版，第 562 页。

② 漆多俊：《中国经济法理论之创新与应用——30 年回顾与启示》，载《法学评论》2009 年第 4 期。

陕甘宁边区通过了多部法令，对刑事被告人的宪法性权利、诉讼权利给予较为全面的保障。除刑事实体法之外，还制定了《陕甘宁边区刑事诉讼条例草案》等刑事程序法。根据地政权还颁布了规范根据地金融秩序、打击走私等方面的法律和规定，为抗日根据地的经济发展创造了良好条件。

2. 社会主义革命和建设时期，刑事法律建设的发展与挫折

中华人民共和国成立后至 1979 年《刑法》通过和实施以前，我国没有颁行统一的刑法典，单行刑法也屈指可数。这一阶段的刑事法律的主要特点是：一是刑法司法以维护政权为主要目的。法制初创时期，中央人民政府委员会通过《中华人民共和国惩治反革命条例》《中华人民共和国惩治贪污条例》等。二是司法机关依靠零星的单行刑法甚至刑事政策惩治犯罪行为。

"文化大革命"期间，单行刑法也被摒弃，刑事司法主要依靠政策。例如，1967 年 1 月 13 日，中共中央、国务院颁布《关于无产阶级文化大革命中加强公安工作的若干规定》（简称"公安六条"）。该规定是造成"文化大革命"中大量冤、假、错案的重要原因之一。①

3. 改革开放后，刑事法律建设获得新的发展机遇

一是主要刑事法律相继制定。邓小平强调："现在的问题是法律很不完备，很多法律还没有制定出来。所以，应该集中力量制定刑法、民法、诉讼法和其他各种必要的法律。"1979 年新中国第一部《刑法》通过，共有条文192 个，罪名 129 个。1997 年全国人大常委会对《刑法》进行了全面修订。这一时期，全国人大相继颁行了《刑法》《刑事诉讼法》等法律规定，同时重建检察制度，使得刑事诉讼的框架基本健全。②二是不断强化人权保障。2007年 1 月 1 日起在全国范围内收回了死刑复核权，由最高人民法院统一行使死刑核准权。最高人民法院、最高人民检察院等部门于 2009 年印发《关于开展刑事被害人救助工作的若干意见》。

---

① 中央全面依法治国委员会办公室：《中国共产党百年法治大事记》，人民出版社、法律出版社2022 年版，第 101 页。
② 胡云腾：《改革开放 40 年刑事审判理念变迁》，载《人民法院报》2018 年 10 月 10 日第 5 版。

（六）司法与诉讼

1. 新民主主义革命时期，司法与诉讼制度的摸索

土地革命战争时期，中国共产党就开始创建司法系统、完善司法制度。苏维埃政权建立了一整套司法机构，中央设立了司法人民委员部、国家政治保卫局、临时最高法庭和各级裁判机构，并制定了司法机关的组织条例、裁判规则、司法程序等；在地方设置裁判部、工农监察部；军队还设置了军事裁判所；建立劳动法庭，具体处理劳资纠纷。根据地普遍建立各种学校，培养干部和各类人才，仅在中央根据地，就有 2000 多名干部专门从事司法工作。司法人民委员部颁布了各种法律文书样式，统一规范了各种公文案卷，形成了有浓厚苏区色彩的司法制度。

抗日战争时期，调解的普遍运用是根据地法制建设的一个鲜明特点。谢觉哉作为陕甘宁边区法制建设的主要领导人，其提出的强化调解（调解包括民间调解、政府调解、审判调解相结合三种方式），对边区法制建设影响深远。陕甘宁边区政府发布了关于普及调解的指示，边区高等法院颁布了《陕甘宁边区民刑事件调解条例》，大力倡导调解解决纠纷。"调解工作，则成了司法工作中的被重视的主要工作方式，民事案件，我们是采取调解的，就是刑事案件，除汉奸、反革命比较严重者外，我们也是采取调解的办法。"[1] 马锡五审判方式的一个突出特点就是注重调解。1944 年边区政府机关报《解放日报》发表社论，推出了"马锡五审判方式"。"马锡五审判方式"的特点是：走出窑洞，深入农村调查研究，依靠群众，就地审判，不拘形式，解决问题，实行审判与调解相结合坚持原则，依法办事，简便手续，便利人民诉讼。[2] "马锡五审判方式"的一个突出特点就是注重调解。

解放战争时期，检察制度得以恢复（1942 年 1 月，边区政府决定裁撤检察处及各县检察员）。1946 年 4 月，边区政府第三届参议会第一次会议决定：由检察机关负责执行检察人民和公务人员违法行为的职权。[3] 会后成立了陕甘

---

① 《陕甘宁边区判例汇编（1944 年）》，陕西省档案馆藏，档案号：15—26。

② 中央全面依法治国委员会办公室：《中国共产党百年法治大事记》，人民出版社、法律出版社 2022 年版，第 45 页。

③ 曾宪义：《检察制度史略》，中国检察出版社 2008 年版，第 279~280 页。

宁边区高等检察处。分区设高等检察处分处，县设检察员。

2. 社会主义革命和建设时期，司法与诉讼制度的曲折发展

从中华人民共和国成立到 1957 年 6 月反右派斗争扩大化这一时期，司法领域建设成就显著。1951 年 4 月成立了最高人民法院和六个分院，同年制定了《各级地方人民检察署组织通则》，设立了各级检察机关。1954 年成立了法律顾问处，律师协会 19 个，从业律师将近 3000 人。1951 年、1953 年先后召开了两次全国司法工作会议，进一步促进了全国司法工作开展。

从 1957 年 6 月反右派斗争扩大化至 1978 年 12 月，司法机关被合并或者取消，司法裁判陷于混乱。各级党政机关被集党、政、军、审判、检察权于一身的"革命委员会"取代。1959 年 4 月，司法部和监察部被第二届全国人大一次会议以"无单独设置之必要"为由撤销。人民检察院于 1975 年被正式撤销，直到 1978 年《宪法》规定重新设置人民检察院。1958 年开始，公检法机关开始合并为公安政法。1959 年，公安部被撤销。

3. 改革开放和社会主义现代化建设新时期，司法与诉讼制度的恢复发展

党的十一届三中全会后，恢复了司法系统并启动了中国司法改革。1978 年，全国人大决定恢复人民检察院；1979 年，司法部得以恢复，同年律师制度开始恢复，并于 1986 年进行了全国第一次律师资格考试。1999 年 10 月、2005 年 10 月、2009 年 3 月，最高人民法院发布了三个法院改革五年纲要。

4. 新时代司法与诉讼制度的全面创新和发展

党的十八大以来，中国共产党在法治领域进行了广泛、深刻的改革，法治改革的力度、广度、深度前所未有。法治改革领域，司法体制改革是重中之重。习近平强调："司法体制改革是政治体制改革的重要组成部分，对推进国家治理体系和治理能力现代化具有十分重要的意义。要加强领导、协力推动、务求实效，加快建设公正高效权威的社会主义司法制度，更好坚持党的领导、更好发挥我国司法制度的特色、更好促进社会公平正义。"[1] 习近平指出，司法体制改革要"坚持以提高司法公信力为根本尺度"。[2] 党的十八届三

---

[1] 习近平：《论坚持全面依法治国》，中央文献出版社 2020 年版，第 51 页。
[2] 习近平：《以提高司法公信力为根本尺度 坚定不移深化司法体制改革》，载《人民日报》2015 年 3 月 26 日第 1 版。

中全会提出，推动省以下地方法院、检察院人财物统一管理。党的十八届四中全会提出，探索设立跨行政区划的人民法院和人民检察院，办理跨区域案件；最高人民法院设立巡回法庭，审理跨行政区域的重大行政和民商事案件。这些重要改革，有力推动了司法公正、有效提高了司法公信力。在建立健全法治领域制度的同时，2013 年劳动教养制度、2021 年收容教养制度得以废止，这是中国法治建设的重大进步。

（七）党内法规

百年来，党内法规始终和党的建设同频共振，以党内法规建设为主的制度治党实践贯穿于法制建设的各个阶段。

1.新民主主义革命时期，党内法规的探索

中国共产党从诞生之初就开始了党内法规的摸索。中共一大通过中国共产党的第一个纲领标志着中国共产党依规治党实践的开始。"党内法规"一词最早由毛泽东提出。1938 年 10 月中国共产党第六届中央委员会扩大的第六次全体会议上，毛泽东就提出并使用了"党内法规"的概念，他指出："为使党内关系走上正轨，除了上述四项最重要的纪律外，还须制定一种较详细的党内法规，以统一各级领导机关的行动。"[1]刘少奇在党的七大《关于修改党章的报告》中用到"党的法规"的概念，指出："党章、党的法规，不只是要规定党的基本原则，而且要根据这些原则规定党的组织之实际行为的方法，规定党的建造的组织形式与党的内部生活的规则。"[2]这一时期，中国共产党不仅提出了党内法规的概念，还制定了不少党内法规，并初具规模。例如《中国共产党中央执行委员会组织法》《中央巡视条例》等。该时期的党内法规受制于革命环境所限，以纪律性、革命性、保密性为主要特征，为党夺取社会主义革命胜利奠定了基础。

2.社会主义革命和建设时期，党内法规建设经历了发展和挫折

新中国成立后，中国共产党围绕党的领导和党的建设出台了一大批党内

---

① 《毛泽东选集（第 2 卷）》，人民出版社 1991 年版，第 528 页。
② 刘少奇：《论党的建设》，中央文献出版社 1991 年版，第 46 页。

法规制度。① 这一时期，党内法规的重点是如何处理党和政府的关系。先后制定了包括《中共中央关于中央人民政府成立后党的文化教育工作问题的指示》《中共中央关于加强对中央人民政府财政经济部门工作领导的决定》在内的指示与决定。法治严重挫折时期，党内法规建设也遭遇重创，这也为中国共产党依规治党加强党的建设提供了经验和教训。

3. 改革开放和社会主义现代化建设新时期，党内法规建设初见成效

这一时期，出台了一系列党内法规，初步形成了党内法规制度体系。在1978~2011年，中央一级发布并被收录的党内法规有250件左右。②1990年中共中央颁布《中国共产党党内法规制定程序暂行条例》，这是中国共产党第一次在正式文件中规范"党内法规"的名称。2012年，《中国共产党党内法规制定条例》出台，标志着党内法规的制定走上法治化、制度化轨道。1991年4月，中共中央办公厅设立法规室，并于2012年6月更名为中办法规局。

4. 新时代党内法规建设实现新飞跃

一是依规治党的地位不断彰显。习近平开创性提出"依规治党"，并指出："加强党内法规制度建设是全面从严治党的长远之策、根本之策。"③党的十九大报告明确提出了"依法治国与依规治党有机统一"，并将其作为全面依法治国的基本方略之一。二是形成了比较完善的党内法规制度体系。党的十八大以来，党内法规建设的步伐明显加快。从2012年10月到2021年1月，先后颁行了68部中央党内法规。2012年5月，中共中央发布《中国共产党党内法规制定条例》，中国共产党拥有了正式的党内"立法法"。2016年《中共中央关于加强党内法规制度建设的意见》出台，首次将党内法规制度体系明确为1+4结构，即在党章之下分为党的组织法规制度、领导法规制度、党的自身建设法规制度和党的监督保障法规制度四大板块。2018年2月，中共中央印发《中央党内法规制定工作第二个五年规划（2018—2022年）》，对今后五年内党内法规制度建设进行了顶层设计。截至2021年5月，中央党内法规

---

① 周叶中：《百年来中国共产党依规治党的成就与启示》，载《光明日报》2021年6月15日第11版。

② 张洪松：《中国共产党党内法规百年发展历程与基本经验》，载《马克思主义研究》2021年第1期。

③ 习近平：《论坚持全面依法治国》，中央文献出版社2020年版，第169页。

共 210 部，部委党内法规共 162 部，地方党内法规共 3210 部。

（八）反腐保廉

反对腐败，倡导廉洁，是马克思主义政党的政治底色，也是关乎党和国家前途命运的关键所在。中国共产党自成立开始就旗帜鲜明地反对腐败，在长期的革命、建设、改革各个阶段，推动和加强反腐保廉，形成了适合中国国情的反腐保廉制度体系。

1. *新民主主义革命时期，反腐保廉的探索*

在建党早期，1926 年 8 月，中共中央扩大会议制定了第一份反腐败文件，即坚决清洗贪污腐化分子的通告，指出对贪污的行为"务须不容情地洗刷出党"。① 由此可见，中国共产党成立早期，就严厉惩处贪腐行为。1932 年 5 月9 日，谢步升被执行枪决，这也是中国共产党成立中华苏维埃共和国后枪决的第一个贪污腐败分子。1934 年，中华苏维埃第二次全国代表大会召开，会议指出："应该使一切苏维埃人员明白，贪污浪费是极大的犯罪。"②

抗日战争时期，边区政府严厉打击贪污腐化行为，对贪污腐败，坚持零容忍。惩治黄克功、肖玉壁的枪声，向全国抗战军民宣示了中国共产党从严治党，不包庇犯罪干部的决心，也为将来的新中国树立了一个好的法律榜样。中国共产党通过从严治党、厉行廉政，一方面使得根据地政权成为当时最为廉洁的政府，另一方面也赢得了民心，为抗日战争的胜利奠定了基础。

2. *社会主义革命和建设时期，反腐保廉的发展*

这一阶段，中国共产党注重用法制化手段严肃处理党内违法违纪行为。从 1951 年底到 1952 年 10 月，在党政机关开展了"三反""五反"运动，公开处决了刘青山、张子善，保持了党的先进性和纯洁性。1952 年 4 月 21 日，《中华人民共和国惩治贪污条例》通过，标志着从严治党、依法治党迈上新台阶。

---

① 中共中央办公厅法规局：《开辟新时代依规治党新境界——党的十八大以来党内法规制度建设成就综述》，载《人民日报》2021 年 6 月 17 日第 1 版。

② 《中国共产党的九十年（新民主主义革命时期）》，中共党史出版社、党建读物出版社 2016 年版，第 139 页。

3. 改革开放和社会主义现代化建设新时期，反腐保廉不断深化

党的十二大明确指出，党风问题是关系到执政党生死存亡的问题，要纠正各种利用职权谋取私利的行为和对党对人民不负责任的官僚主义作风。这一阶段的主要特点是强调从思想和制度建设两个途径来实现反腐保廉。

4. 新时代反腐败工作迈入了法治化轨道

党的十八大以来，以习近平同志为核心的党中央，深刻回答了"为什么要反腐败、怎么反腐败"的理论和实践问题，反腐败斗争取得压倒性胜利。习近平指出："要善于用法治思维和法治方式反对腐败，加强反腐败国家立法，加强反腐保廉党内法规制度建设，让法律制度刚性运行。"[①]2014 年 10 月《中共中央关于全面推进依法治国若干重大问题的决定》正式提出："加快推进反腐败国家立法，完善惩治和预防腐败体系，形成不敢腐、不能腐、不想腐的有效机制，坚决遏制和预防腐败现象。"2015 年第十二届全国人大通过了《全国人民代表大会常务委员会工作报告》，明确提出："今年将加强重点领域立法，推进反腐败国家立法。"2018 年以来，反腐败立法工作明显加快，《宪法修正案》用五个条文确立了国家监察体制；制定了《监察法》；修改了《刑事诉讼法》，对外逃贪官专门作出规定；颁布了《公职人员政务处分法》。同时，《中国共产党党内监督条例》《中国共产党纪律处分条例》等先后制定或修订。国法和党规相互衔接、共同推进，开创了法治反腐的新局面。党的二十大报告强调，坚决打赢反腐败斗争攻坚战持久战。腐败是危害党的生命力和战斗力的最大毒瘤，反腐败是最彻底的自我革命。只要存在腐败问题产生的土壤和条件，反腐败斗争就一刻不能停，必须永远吹冲锋号。坚持不敢腐、不能腐、不想腐一体推进，同时发力、同向发力、综合发力。

（九）法学教育与法学研究

中国共产党一直注重开展法学教育，培养政法人才。主要体现在以下方面：

1. 新民主主义革命时期，法学教育与研究的起步

在抗日战争时期，中共中央在延安等地创办了一批学校和研究机构。

---

① 习近平：《坚定不移走中国特色社会主义法治道路，不断推进社会主义政治制度自我完善和发展》，载《人民网》2014 年 8 月 6 日。

1940 年 7 月，成立行政学院，开设法律系，这是中国共产党正式创办政法教育机构的开始。①1941 年创建的延安大学设立法学院，成为第一个红色法学教育机构。在解放战争时期，政法教育迅速发展。1948 年，东北行政学院设立司法系。1949 年，中原大学成立政治学院。新民主主义革命时期的法学教育呈现出在党的领导下建立，强调理论联系实际，为斗争服务，办学方式灵活等特点。

2. 社会主义革命和建设时期，法学教育与研究的发展与挫折

新中国成立后，中国共产党在全面废除旧法的基础上，对法学教育制度进行了重大调整。1952 年至 1953 年，根据教育部提出的政法院校"适当合并并集中"的原则，成立了一批专门的政法院校。1950 年中国人民大学正式设立法律系。1956 年政法院系共计招收学生 2516 人，占全国高等学校招生总人数的 1.9%，②教师人数达到 408 人，比 1949 年增加了 48%。

3. 改革开放和社会主义现代化建设新时期，法学教育与研究的恢复与发展

1977 年北京大学、吉林大学和湖北财经学院三所高等院校法学专业重新开始招生。法学教育和研究得以全面恢复和发展，法学从冷门专业变为热门专业。从 20 世纪 80 年代到 90 年代初，拥有法律科系的政法学院和知名大学在数量上迅速增长，截至 2006 年，15 年内扩张到 600 所，是原先的 6 倍。③到 2014 年 630 余所大学可招收大专以上法律专业，在校学生 60 余万人，在校研究生超过 10 万人；从法学专著 30 年不足 20 本，到 2014 年每年出版近 1000 本；50 年代仅两种法学杂志，现在近 200 种；30 年翻译国外专著不足 20 本，现在每年近百本；30 年仅有一个中国政治法律学会（60 年代被撤销），现在有 50 多个专业研究会。

4. 新时代法学教育与研究的全面发展

党的十八大后，以习近平同志为核心的党中央从坚持和发展中国特色社会主义的全局谋划法治、布局法治，法学教育和法学研究迎来了发展的良机，

---

① 中共中央文献研究室：《习近平关于全面从严治党论述摘编》，中央文献出版社 2016 年版，第 176 页。

② 霍宪丹：《中国法学教育的发展与转型（1978—1998）》，法律出版社 2004 年版，第 286 页。

③ ［美］明克胜：《中国法学教育的潮起潮落》，李晓雪、汪婧译，载《法律和社会科学》2014 年第 1 期。

取得了丰硕的成果。新时代，法学教育与研究的特点主要有：一是法学教育与研究受到普遍重视，法学研究成为"显学"。二是法学学科设置合理、法学人才培养体系不断健全，法治工作队伍不断壮大。2022 年 7 月，全国共有法学一级学科博士点 60 个。三是法学理论和实务的研究日渐浓厚。以党内法规为例，目前全国已经有 27 个省区市设立党内法规研究机构或学术团体，现有党内法规研究会、研究中心等 82 个，理论研究队伍不断壮大。

三、百年法制建设的经验启示

从只有 50 多名党员，到拥有 9900 万党员的世界第一大党，中国共产党带领人民进行了百年法制实践和探索，既有成功的经验，亦不乏失败的教训。百年法制建设的经验启示，可以归纳为以下八个方面：

（一）既要坚持厉行法治，又不能排斥德治、自治的作用

回眸百年历程，一个重要的经验就是：必须坚持厉行法治，坚决摒弃人治思维，党和国家的事业才能行稳致远。

坚持厉行法治是总结历史经验的必然选择。土地革命时期，中国共产党高度重视法制建设，将其作为最要紧的任务。短短的几年内，中国共产党就制定了大量的法律、法规、法令。这些法律法规法令，对制裁与镇压反革命、巩固新生政权、赢得民心发挥了至关重要的作用。在抗日战争时期，中国共产党推行"三三制"的民主方式，建立立法、行政、司法机关，颁布一系列重要法律法规，初步形成了一个前所未有的新型的法律体系。新民主主义革命时期，中国共产党从弱变强的成功秘诀之一就是厉行法治。在法治初创时期，中国共产党第一时间宣布废除伪宪法、伪法统；制定《中国人民协商会议共同纲领》，实现了从几千年的封建帝制向人民民主专政的历史性转变；颁布《惩治反革命条例》等法律法规，迅速实现了政权稳定；颁行"五四宪法"、婚姻家庭法等，实现了人民基本权益的保障。党的十一届三中全会以来，改革是中国的主旋律。党的十八届四中全会通过了全面推进依法治国的决定，与党的十八届三中全会通过的全面深化改革的决定形成了姊妹篇，充分印证了法治和改革密不可分。在改革中，中国共产党充分运用法治思维和

法治方式，积极发挥法治引导、推动、规范、保障改革的作用，及时用法治确认改革成果，实现了法治和改革相统一、相衔接。改革开放四十年来，中国发生了翻天覆地的变化。这种沧海变桑田的巨大改变，和中国共产党重视法治有莫大的关联。

坚持厉行法治是吸取历史教训的必然选择。"文化大革命"期间，人治盛行，废弃法治，国家法律制度被严重破坏，导致无法无天，党和国家付出了沉重代价，教训非常惨痛和深刻。十年文革的重大失误，根本原因在于对社会主义民主的制度化、法治化建设没有给予足够重视，党内民主制度不健全。法律面前人人平等，公检法机关分工负责、互相制约的原则受到质疑和批判。[①] 权力过分集中于个人，在缺乏有效监督制约的情况下，党和国家难以预防和制止"文化大革命"的发生、发展，以致造成了灾难性的后果。1957年至1978年法制的严重挫折，深刻告诫我们：厉行法治是建党、建国、富国、兴国的必然选择；治国理政须臾离不开法治。正如习近平所指出的："历史是最好的老师。经验和教训使我们党深刻认识到，法治是治国理政不可或缺的重要手段。法治兴则国家兴，法治衰则国家乱。什么时候重视法治、法治昌明，什么时候就国泰民安；什么时候忽视法治、法治松弛，什么时候就国乱民怨。"[②]

法治是人类政治文明的重要成果，具有诸多优越性，没有法治是万万不能的，但法治也不是万能的，需要德治、自治的佐治，才能更有效。德治、自治和法治不是非此即彼、水火不容的。以德治为例，中国共产党历来重视道德的作用，依法治国和以德治国相结合也是中国特色社会主义法治的鲜明特点。全面依法治国要坚持法治和德治、自治相结合，方能确保我国社会既有秩序又有活力。

（二）既要坚持党对法治的领导，又要保持党的廉洁和清醒

百年法制建设最基本的经验就是：必须坚持党对法治建设的领导。正如邓小平强调的："没有党的领导，就没有现代中国的一切。"[③] 党的领导是法治

---

① 中共中央党史研究室：《中国共产党的九十年（社会主义革命和建设时期）》，中共党史出版社、党建读物出版社2016年版，第558页。

② 中共中央文献研究室编：《习近平关于全面依法治国论述摘编》，中共中央文献出版社2015年版，第8页。

③ 《三中全会以来重要文献选编（上）》，人民出版社1982年版，第335页。

建设、发展的根本保证。第一，中国共产党的领导保证了法治发展的正确政治方向。中国共产党是工人阶级的先锋队，无产阶级的专政只有通过作为其指导力量的共产党来领导方能实现。毛泽东指出："总结我们的经验，集中到一点，就是工人阶级（经过共产党）领导的以工农联盟为基础的人民民主专政……这就是我们的公式，这就是我们的主要经验，这就是我们的主要纲领。"[1] 从《中华苏维埃共和国宪法大纲》《陕甘宁边区宪法原则》到《中国人民政治协商会议共同纲领》、"八二宪法"，都毫无例外地规定了人民民主专政的国家性质。习近平总书记指出："党的领导是我国社会主义法治之魂，是我国法治同西方资本主义国家法治最大的区别。"[2] 第二，中国共产党的领导保证了法治为民。中国共产党从成立开始，就将人民至上写在自己的旗帜上。只有在党的领导下依法治国、厉行法治，人民当家作主才能充分实现。通过立法保障人民基本权益，是贯穿百年法制四个不同阶段的共同主线。第三，中国共产党的领导保证了法治持续、深入发展。法制建设的百年历史，也是中国共产党带领人民探索中国特色社会主义法治道路的历史。正是在党的领导下，法治经历了从不被重视到成为治国理政的基本方式，法治现代化成为国家治理体系和治理能力现代化的重要组成部分。法治建设是一个系统工程，法治领域改革还有不少难啃的硬骨头，法治建设征程中还有不少新的"娄山关""腊子口"亟待我们去征服。这些问题的解决都有赖于中国共产党的坚强领导。实践证明，我国社会主义法制建设发生的历史性变革、取得的历史性成就，最根本的原因就是坚持了党的领导。

在坚持党的领导的同时，必须注重改善党的领导，不断提高党领导依法治国的能力和水平。坚持党的领导和改善党的领导互为因果、一体两面。从百年法制历程来看，凡是党的领导得到加强的时期，法制事业就会得到较大的发展；凡是党的领导受到破坏的时期，法制事业就会陷入低谷。

（三）既要坚持走中国特色社会主义法治道路，又要善于传承和借鉴

中国特色社会主义法治事业是人类历史上前所未有的法治工程。法制建

---

① 《毛泽东选集（第4卷）》，人民出版社1991年版，第1480页。

② 中共中央宣传部、中央全面依法治国委员会办公室：《习近平法治思想学习纲要》，人民出版社、学习出版社2021版，第13页。

设的百年是中国共产党带领人民，在困难中艰难起步、在探索中收获成功、在挫折后恢复重建，在新时代赢得辉煌的百年。我国法治建设的成就，归结起来就是开辟了中国特色社会主义法治道路这一条。[①]法治建设百年的实践告诉我们：实现中国特色社会主义法治道路有赖于两个要点。

1. 既要继承马克思主义法治理论，又要在实践中丰富、发展马克思主义法治理论

百年法制的探索，也是中国共产党人将马克思主义法治理论同中国具体实际相结合的探索过程。以对民主与专政的认识为例，马克思认为，只要人类社会的阶级对立还没有消除，那么一切民主都以专政为前提，即统治阶级民主和被统治阶级的专政相统一。毛泽东继承、发展了马克思关于人民民主专政的理论，并结合我国实践，予以发展和深化。他指出："我们的国家是工人阶级领导的以工农联盟为基础的人民民主专政的国家。"[②]毛泽东满怀信心地说："一切事实都证明：我们的人民民主专政的制度，较之资本主义国家的政治制度具有极大的优越性。在这种制度的基础上，我国人民能够发挥其无穷无尽的力量。这种力量，是任何敌人所不能战胜的。"新中国成立初期，毛泽东领导中国人民开启法制建设的新纪元；邓小平理论中蕴含了丰富的法治思想，尤其是创新了党和国家制度建设理论；江泽民提出了"依法治国、建设社会主义法治国家"的重要理论，强调依法治国和以德治国相结合；胡锦涛创建了科学发展观，创新性提出了依法执政、依宪治国、依宪执政；习近平创立了习近平法治思想，系统科学回答了为什么要推进全面依法治国、如何推进全面依法治国的一系列重大问题，是马克思主义中国化的最新成果，是我们建设法治中国的根本遵循和行动指南。

2. 既要传承，又要善于借鉴

上下五千年，我们形成了独树一帜的中华法系。这一法系，凝聚了中华民族的精髓和智慧，具有丰富的法律文化资源。习近平总书记高度重视传承和弘扬中华优秀传统法律文化，强调指出："中华法系凝聚了中华民族的精神

---

① 《十八大以来重要文献选编（中）》，中央文献出版社 2016 年版，第 182 页。
② 《毛泽东著作选读（下册）》，人民出版社 1986 年版，第 759 页。

和智慧，有很多优秀的思想和理念值得我们传承。"[1]法治是全人类共同的财富和价值追求，继承和借鉴相辅相成、缺一不可。借鉴不等同于全盘照抄，要和中国的具体国情相结合。历史证明，照搬西方政治制度、法律体系行不通；移植苏联模式也会水土不服。新中国成立初期，从法学教育、法学研究到立法、司法实践，对苏联法制的学习和移植是全方位的。苏联法制被运用到中国法制建设的各个方面，比如，苏联法中重实体、轻程序的倾向也被我们接受。[2]这种简单、大量移植苏联法制建设模式，中断了旧法的历史传承，带来了不少负面影响，对社会主义法制建设造成很大损害。历史的教训告诫我们，要从我国革命、建设、改革的实践中探索出适合自己的法治道路，同时借鉴国外法治有益成果，取其精华、为我所用。这样，我们才能为全面建设社会主义现代化国家、实现中华民族伟大复兴夯实法治基础；为世界法治建设提供中国方案，贡献中国智慧。习近平总书记指出："历史和现实告诉我们，只有传承中华优秀传统法律文化，从我国革命、建设、改革的实践中探索适合自己的法治道路，同时借鉴国外法治有益成果，才能为全面建设社会主义现代化国家、实现中华民族伟大复兴夯实法治基础。"[3]

（四）既要坚持以人民为中心，又要搞好统一战线、把反对的人搞得少少的

回首百年法制建设的艰难曲折历程，最核心的结论是：人民决定了法制的成败。法治建设要以人民利益为最终依归。人民就是江山，江山就是人民。毛泽东指出："为什么人的问题，是一个根本的问题、原则的问题。"[4]纵观党的法治建设百年历程，在各个历史阶段，人民群众始终是我们推动法治建设的根本力量和坚强后盾。法治要有生命力，必须坚持以人民为主体，解决人民群众的困苦，维护人民群众的根本利益，真正表达人民的意愿。

1. *法治建设必须坚持为了人民*

以人民为中心是中国共产党人的初心和使命。从《没收土地案》《井冈山

---

① 《习近平著作选读（第二卷）》，人民出版社 2023 年版，第 379 页。
② 孙光妍、于逸生：《苏联法影响中国法制发展进程之回顾》，载《法学研究》2003 年第 1 期。
③ 《习近平谈治国理政（第四卷）》，外文出版社 2022 年版，第 290 页。
④ 《毛泽东选集（第 3 卷）》，人民出版社 1991 年版，第 857 页。

土地法》到《陕甘宁边区土地条例》，为确保农民已分得土地的所有权，中国共产党密集出台了大量的土地政策、法律，正是基于维护农民最根本利益的目的。中国共产党之所以从革命党发展为执政党，秘诀就在于从人民所需出发，用法制反映人民所求。以抗日战争时期的法制建设为例，中国共产党在根据地开展了大量法制探索，实现了人民真正享有民主、男女平等、官民平等、人民权益得到保障。根据地生机勃勃，和国民党统治区的贪腐形成鲜明对比，成为中国的民心所向，希望所在。

2. 法治建设必须促进人的全面发展

法治的目的是实现人民幸福。中国共产党始终重视和人民群众切身利益相关的法律建设。以婚姻家庭法律为例，在摸索与尝试阶段，中央执行委员会举行第一次会议就通过了《中华苏维埃共和国婚姻条例》，土地革命战争时期工农民主政权颁布《中华苏维埃共和国婚姻法》，陕甘宁边区政府形成了完善的婚姻、财产继承制度。在法治初创时期，新中国通过的第一部基本法律就是《婚姻法》。进入新时代，中国共产党编纂了《民法典》、制定了《反家庭暴力法》《未成年人保护法》《公共文化服务保障法》等重要法律，促进了人的全面发展。习近平总书记强调："推进全面依法治国，根本目的是依法保障人民权益。"①

在坚持以人民为中心的同时，还要搞好统一战线，争取最大多数的支持。毛泽东说："政治就是把支持我们的人搞得多多的，把反对我们的人搞得少少的！"在中国革命、建设、改革各个时期，统一战线都是重要法宝。不管是抗日战争时期的"三三制"，还是《中国人民政治协商会议共同纲领》，都是中国共产党用法制方式凝聚人心、汇聚力量的范例。2020 年 12 月 21 日，中共中央发布了修订后的《中国共产党统一战线工作条例》，再次强化了党对统一战线工作的集中统一领导。

（五）既要坚持法治服务大局，又要遵循法治建设和发展规律

法治建设要服务于大局。这个大局就是党和国家建设发展的宏大目标，就是人民和民族的前途命运。法治建设要以人民利益为最终依归，解决的是

---

① 《习近平著作选读（第二卷）》，人民出版社 2023 年版，第 378 页。

法治的合正义性问题；法治建设要和国家、民族命运结合起来，解决的是法治的合目的性问题。马克思指出："任何事情的发生都不是没有自觉的意图，没有预期的目的的。"① 从百年法制实践来看，凡是法制建设紧密围绕革命、建设、改革中心任务展开，服务于党和人民的根本利益时，法制就能得到迅速、显著的发展。反之，法制如果和革命、建设、改革中心任务相脱节，法制就会徘徊不前。

土地革命时期，国民党当局对根据地军民采取了残酷的军事围剿和经济封锁。此时，革命根据地的重中之重是发展经济，首要的任务是发展农业。苏维埃政权颁布了《中华苏维埃共和国关于经济政策的决定》等一系列发展经济、振兴农业的法律、法令，为恢复根据地的经济、保障军民生活、粉碎国民党的一次次围剿提供了条件。抗日战争时期，国内主要矛盾发生了变化，中华民族到了生死存亡的关键时刻。这一时期的法制建设，明显契合了这一主要矛盾转换的需要，呈现出鲜明的特点：一是严惩汉奸。各抗日根据地大多颁布了惩治汉奸条例等刑事法律法令。二是制定、调整法律，团结抗日力量。为保护农民抗日积极性，同时调动地主阶级联合抗日，各根据地纷纷制定、调整了相应的土地法律，承认地主土地所有权、制定减租减息政策。又如，本着调动资产阶级参加抗日的精神，根据地制定了很多劳动法规。这些劳动法规的出发点和着力点都在于既要保护工人利益，又要积极团结资本家联合抗日。再如，为解除抗日军人的后顾之忧，根据地将保护军婚上升为婚姻立法原则，并颁布《陕甘宁边区抗属离婚处理办法》等，对军婚予以专门保护。在法制初创时期，中国共产党从革命党转变为执政党，法制建设主要围绕调整新政权与国民党领导的旧政权之间的关系，确认、维护有利于新政权的经济关系展开。司法工作以镇压反动派、保护人民为中心任务。在法制的恢复与发展阶段，国家的主旋律是经济建设。党的十三大概括、阐发了"一个中心，两个基本点"的基本路线，明确了以经济建设为中心。"经济体制改革的深入进行和国民经济的进一步发展，越来越要求把更多的经济关系和经济活动的准则用法律的形式固定下来。"这一阶段，《经济合同法》《外资

---

① 《马克思恩格斯文集（第 4 卷）》，人民出版社 2009 年版，第 302 页。

企业法》《民法通则》《公司法》《对外贸易法》《反不正当竞争法》等规范市场经济、促进经济发展的重要法律密集出台。进入新时代，全面深化改革的总目标是"完善和发展中国特色社会主义制度，推进国家治理体系和治理能力现代化"。国家治理现代化是国家治理体系和国家治理能力的现代化的总称，其中蕴含着制度体系的重构、治理方式的更新以及价值观念的表达。[①] 法治现代化是国家治理现代化的基础，法治是实现国家治理现代化的重要依托。这一阶段的法治建设围绕着实现良法善治展开。国家治理现代化每向前一步，法治就要相应地前进一步。

需要注意的是，既要坚持法治服务大局，也要遵循法治建设和发展规律。尊重法治发展规律是彰显现代法治精神的标志。法制百年的实践告诉我们，要正确认识法治的运行规律，遵循法治的发展规律，让依法而治成为国家和社会的主旋律。

（六）既要坚持法治建设的政治方向，又要坚持法治的基本价值

法制百年，中国共产党带领人民探索出一条中国特色的法治道路。其核心要义就是习近平在党的十八届四中全会上提出的坚持党的领导、坚持中国特色社会主义制度、贯彻中国特色社会主义法治理论。这三个方面规定和确保了中国特色社会主义法治体系的制度属性和政治方向。法制百年征程，法制建设能在曲折中前进，在挫折后重振，最关键的原因就是坚持了正确的政治方向。

法治建设，既要坚持正确的政治方向，也要坚持法治的基本价值。法治的基本价值是指法治应当有的内在的基本功能和特质，因而也成为人们评判或检验一国或某一区域的治国理政方式是否属于法治的基本标准。[②] 作为人类文明的重要成果之一，法治的精髓、基本价值对各国国家治理和社会治理具有普遍意义。诸如依法治理、权力监督制约、法律面前人人平等、罪刑法定、公平正义、意思自治等，都是人类文明在法治领域的具体体现。百年法制建设的历程，也是党不断探索、坚持、发展重要法治基本价值的历史。例如，

---

① 江必新：《习近平法治思想的逻辑体系与理论特征》，载《求索》2021 年第 2 期。

② 江必新：《全面推进依法治国战略研究》，人民法院出版社、商务印书馆 2017 年版，第61 页。

法治的基本价值是限制公权，保障私权。监督制约权力是贯穿百年法制实践的一条主线。1927年，中共五大就成立了中央监察委员会，这也是中国共产党历史上第一个中央级的纪律检查机构。在整个新民主主义时期，中国共产党对权力的监督、对党员的监察，都卓有成效。新中国成立初期，毛泽东创立了权力监督理论，这一理论将群众监督作为实现民主的路径，民主党派的监督作为实现民主的有利条件；新闻舆论监督作为实现民主的外部保障。[①]邓小平强调用制度特别是好的制度来实现监督。党的十八大以后，中国共产党将依法制约监督权力作为全面依法治国的关键环节。党的十九届四中全会指出："坚持和完善党和国家制约监督体系，强化对权力运行的制约和监督。"又如，法治的核心价值要求是公平正义。公平正义也是党的宗旨的基本要求。党的百年法制实践的目标就是追求良法善治，实现实质意义的公平正义。

坚持正确的政治方向和坚持法治的基本价值是不矛盾的。正确的政治方向和法治的基本价值共融于中国特色社会主义法治，党的领导是中国特色社会主义法治之魂，法治的基本价值是中国特色社会主义法治之躯干。中国的法治建设之前、现在和将来都必须坚持、践行政治方向和法治基本价值。

（七）既要搞好顶层设计，又要尊重群众的首创精神和基层创造

纵观法制百年历程，中国法治的发轫在很大程度上是被动的，法治中国是引进型法治向内生型法治的转型升级，既不同于中国古代和近代的法制，也不同于西方资本主义法治，与其他社会主义国家的法治也存在较大差异，因此，法治中国是一个需要不断探索的进程。[②]所以，习近平指出："加强宏观思考和顶层设计，坚持问题导向，聚焦我国发展面临的突出矛盾和问题，深入调查研究，鼓励基层大胆探索。"[③]

法治建设要做好顶层设计，同时要尊重群众首创和基层创造。二者相辅相成，不可分离。一方面，顶层设计为群众首创和基层创造提供了方向指引。法治建设是一项系统工程，必然要涉及立法、执法、司法、守法等各个环节，

---

① 江必新、张雨：《习近平法治思想中的法治监督理论》，载《法学研究》2021年第2期。
② 江必新：《习近平法治思想的逻辑体系与理论特征》，载《求索》2021年第2期。
③ 习近平：《在庆祝改革开放40周年大会上的讲话》，载《人民日报》2018年12月18日第1版。

必须统筹设计、通盘考虑，突出重点、区分轻重缓急。只有加强顶层设计，着眼长远目标，才能有效解决现实中的难题。以解决司法公正问题为例，新时代以来，党的十八届三中全会出台了 20 多项重大法治改革措施，十八届四中全会确定了 180 多项重大法治改革举措。这些改革举措大部分都旨在推动司法公正。另一方面，群众首创和基层创造为顶层设计提供了动力。百年法制建设，我们取得的每次重大改革和突破，无不凝聚了人民群众的智慧。法治建设必须坚持依靠人民。法治建设要从人民群众中汲取前进的不竭力量，方能富有动力，永葆活力，这是百年法制建设的一条重要经验。陕甘宁边区的调解工作就是一个范例。为了促进边区的调解工作，边区政府不仅发布了关于普及调解的指示，而且"号召劳动英雄，有信仰的老人和公正人士参加调解"，把调解推向民间。[①] 边区政府的大力倡导充分激发了人民群众参与调解的热情。人民群众纷纷投入调解、踊跃参加调解，创造出很多调解方法，形成了大量有效的调解技巧，例如"马锡五审判方式"。法治一经结合人民群众，就会爆发出惊人的力量。"绥市五区开了两天群众会，解决了一百九十件人民纠纷。米脂银城市群众会，只一个星期的时间，解决了三百一十件人民纠纷。"[②] 又如，20 世纪 60 年代初，浙江省绍兴市诸暨县枫桥镇干部群众创造了"发动和依靠群众，坚持矛盾不上交，就地解决，实现捕人少，治安好"的"枫桥经验"。1963 年，毛泽东批示"要各地仿效，经过试点，推广去做"。"枫桥经验"从此成为全国政法工作的一面旗帜。所以，法治建设需要将顶层设计和群众首创、基层创造有机结合，实现二者的良性互动。

（八）既要有法可依，形成社会主义法律体系，又要提高立法质量，实现良法善治

百年法制的发展目标，是从有法可依到实现良法善治。有法可依，形成社会主义法律体系和提高立法质量，实现良法善治是辩证统一的。无法可依，良法善治将成为纸上的建筑，无法落地。没有良法善治，有法可依也将成为无源之水，失去生命力。二者相辅相成，共同构成了法治中国的价值目标和

① 侯欣一：《论陕甘宁边区法治实践的构建和谐社会之维》，载《上海师范大学学报（哲学社会科学版）》2006 年第 4 期。

② 习仲勋：《贯彻司法工作正确方向》，载《解放日报》1994 年 11 月 5 日。

根本要求。具体而言：有法可依是良法善治的前提。依法治国，首先要有法可依。从这个意义而言，有法可依是实现依法治国、良法善治的基础。有法可依解决的是法律有无、多少的问题，而良法善治侧重于法律施行的效果，二者之间是量和质的关系。有法可依，一直是法制百年建设的前提和重点。为法制建设作出突出贡献的董必武同志，一直呼吁要按法制办事，他指出："依法办事是进一步加强法制的中心环节。依法办事有两个方面的意义：其一，必须有法可依。其二，有法必依。"① 经历了法制的摸索与尝试、初创与严重挫折两个阶段，2011 年 3 月，中国特色社会主义法律体系基本建成。

良法善治是有法可依的目的。党的二十大明确提出要"以良法促进发展、保障善治"。良法是法治的本质特征，善治是法治的价值所在。实现了有法可依，建成了完备的社会主义法律体系，仅仅意味着实现了有形式之法，并不必然意味着实现了"法"之治。因此，强调通过科学立法、民主立法、依法立法提高立法质量，立管用之法一直是新时代法制建设的重点任务。

百年征程波澜壮阔，百年大党风华正茂。百年来，中国共产党带领人民披荆斩棘、砥砺前行，逐步探索出一条符合中国国情、得到人民广泛拥护的中国特色社会主义法治道路。探索中有挫折，前进中有曲折。总结百年法治建设，剖析百年法治建设的深刻教训，提炼百年法治建设的基本经验，对法治建设无疑具有重要意义和价值。正如习近平指出："不忘历史才能开辟未来，善于继承才能善于创新。"② 从中国共产党法制百年建设实践中，汲取营养和智慧，必将有助于我们在社会主义法治建设的伟大征途上少走弯路，必将有助于推动法治中国宏伟目标的实现，必将有助于实现中华民族的伟大复兴。

① 《董必武政治法律文集》，法律出版社 1986 年版，第 487~488 页。
② 《习近平在纪念孔子诞辰 2565 周年国际学术研讨会暨国际儒学联合会第五届会员大会开幕会上的讲话》，载《人民日报》2014 年 9 月 25 日第 1 版。

◉ 第二章 ◉

建设法治中国的缘由、理据与意义

党的十八大以来，我国社会主义法治建设取得了历史性成就、发生历史性变革，全面依法治国实践取得重大进展，促进了中国特色社会主义制度的不断完善，保障了中国经济的快速发展和社会的长期稳定。2013 年 1 月，习近平总书记在对中央政法工作会议所作的批文中正式提出法治中国建设的命题。党的十八届三中全会、四中全会正式将法治中国建设写入党的文件。2020 年，中共中央颁布了《法治中国建设规划（2020—2025 年）》。党的二十大报告专章部署坚持全面依法治国，推进法治中国建设的战略任务。本章从法治中国建设的缘由、理据和意义方面进行深入研究和探讨。

一、法治中国建设的提出

习近平总书记在主政浙江时，主导提出了"法治浙江"的目标。2006 年 4 月，《中共浙江省委关于建设"法治浙江"的决定》，开启了法治中国建设在省域层面的实践探索。①2006 年 6 月 18 日，习近平同志发表了题为《以社会主义法治理念指导"法治浙江"建设》的文章，提出维护社会公平正义，实现社会和美和谐，是"法治浙江"建设的重要内容和目的所在。②

党的十八大以前，"法治中国"的思想理念更多蕴含于"依法治国，建设社会主义法治国家"的提法当中。2013 年 1 月，习近平总书记就做好新形势下政法工作作出重要批示，提出"全面推进平安中国、法治中国、过硬队伍建设"，这是"法治中国"提法首次出现。同年 3 月，习近平总书记在中央政治局第四次学习中提出"新十六字方针"和"法治国家、法治政府、法治社会一体建设，依法治国、依法执政、依法行政共同推进"的目标要求。

党的十八大后，法治中国建设思路日趋清晰。2014 年 9 月，在庆祝全国人民代表大会成立六十周年大会上，习近平总书记指出："必须坚持把依法治国作为党领导人民治理国家的基本方略、把法治作为治国理政的基本方式，不断把法治中国建设推向前进。"2014 年 10 月，习近平总书记在《关于〈中共中央关于全面推进依法治国若干重大问题的决定〉的说明》中指出："建设法治中国，必须坚持依法治国、依法执政、依法行政共同推进，坚持法治国家、法治政府、法治社会一体建设。"③并号召全党和全国人民为建设法治中国而奋斗。

2018 年 8 月，习近平总书记在中央全面依法治国委员会第一次会议上指出：要研究制定法治中国建设规划。④2020 年 10 月，《中共中央关于制定国民经济和社会发展第十四个五年规划和二○三五年远景目标的建议》指出"坚持法治国家、法治政府、法治社会一体建设"，"有效发挥法治固根本、稳预期、利长远的保障作用，推进法治中国建设"。⑤2021 年 1 月，中共中央颁

---

① 《中共浙江省委关于建设"法治浙江"的决定》提出的建设"法治浙江"的"五项基本原则""三个坚持""四个加强"和"一个确保"，构成了关于建设"法治浙江"决策部署的核心内容。参见《浙江日报》2006 年 4 月 27 日第 1 版。

② 参见习近平：《以社会主义法治理念指导"法治浙江"建设》，载《今日浙江》2006 年第 6 期。

③ 参见《十八大以来文献选编（中）》，中央文献出版社 2016 年版，第 140~154 页。

④ 《习近平主持召开中央全面依法治国委员会第一次会议》，载 https://www.gov.cn/xinwen/2018-08/24/content_5316286.htm。

⑤ 参见《中共中央关于制定国民经济和社会发展第十四个五年规划和二○三五年远景目标的建议》，载《人民日报》2020 年 11 月 4 日第 1 版。

布《法治中国建设规划（2020—2025年）》，明确了坚定不移走中国特色社会主义法治道路，奋力建设良法善治的法治中国的目标。

二、建设法治中国的缘由和理据

习近平法治思想是法治中国建设的根本遵循和行动指南，从历史逻辑、现实逻辑、理论逻辑和实践逻辑层面，科学回答了新时代建设法治中国的缘由和理据。

（一）历史逻辑：建设法治中国是古今中外治国理政的经验教训总结

老子《道德经》第十四章称："执古之道，以御今之有，能知古始，是谓道纪。"习近平法治思想充分汲取了我国古代哲学的精髓，敏锐识别出法治的价值，并将其融入治国理政之中。习近平总书记多次在会议中强调法治对国家兴盛的重要作用。他指出，法治是治国理政不可或缺的重要手段，一个国家的强盛往往与法治相伴而生，法治兴，则国兴，法治强，则国强。这一系列深刻精辟的论述揭示了我国选择法治作为国家治理模式的历史缘由。

1. 吸收借鉴历史上积累的宝贵法治经验

早在公元前21世纪，古代中国就有了奴隶制的习惯法，春秋战国时期已制定了成文法，汉唐时期的法典已经比较完备，并为后来历朝所继承和发展。我国古代积累的法治智慧和文明成果为社会主义法治建设提供了赖以植根发展的土壤。习近平总书记经常强调："中华法系在世界几大法系中独树一帜。要注意研究我国古代法制传统和成败得失，挖掘和传承中华法律文化精华，汲取营养、择善而用。"① 有些国家在法治实践和理论方面也积累了不少历史经验。三千多年前，古巴比伦国王汉谟拉比制定了人类历史上第一部成文法《汉谟拉比法典》，推动古巴比伦王国进入上古两河流域的全盛时代。罗马帝国靠法律第三次征服世界，并成为其三次征服世界中最为持久的征服。在欧洲，古典自然法学派在17世纪至18世纪启蒙运动中的产生，成为新兴资产阶级反对封建压迫和民族独立的武器，构成《美国独立宣言》《法国人权宣

---

① 习近平：《加快建设社会主义法治国家》，载《求是》2015年第1期。

言》的理论基础，契约自由、罪刑法定等法治原则相继提出，西方法治理论系统逐步形成，从而促进了西方国家的快速发展。① 可见，推行法治是一个合乎历史逻辑和社会发展规律的时代趋势。习近平总书记强调要充分吸收借鉴古今中外法律文化的精华。因为法治是人类政治文明的重要成果，蕴含了丰富的人类智慧，可以为今天的社会所利用。

2. 深刻总结历史上在法治建设方面的深刻教训

中华人民共和国成立初期，社会主义法治建设简单、大量移植苏联法治建设模式，对后来中国独立自主进行社会主义法治建设产生了很多负面影响，并在新旧法治转变过程中，存在简单的"一刀切"现象，中断了旧法的历史传承，对社会主义法治建设造成很大损害。后来发生的"文化大革命"十年内乱，国家法治遭到严重破坏，党和人民也付出了沉重代价。习近平总书记强调："全面依法治国，是深刻总结我国社会主义法治建设成功经验和深刻教训作出的重大抉择。我们党对依法治国问题认识不断深化的过程。"② 他关于我国传统法治经验教训的论述还有很多。另外，法治的推行也需要有合适的制度基础，需要人民民主的政治保证。习近平总书记提道："历史证明，不推翻压在中国人民头上的三座大山，不实行人民民主，任何宪法都不可能得到人民拥护，都不可能起到推动我国社会发展进步的作用。"③ 西方法治也是建立在西方民主的基础之上，是其民主思想和理论的制度化与法律化。在执政党与法治的关系上，20世纪90年代以来，国外一些长期执政党派的垮台都与腐败有关，这也对我国如何坚持全面从严治党，如何坚持依宪治国、依宪执政提供了重要的借鉴。国内外的历史教训让我们认识到，一些国家之所以没有顺利迈进现代化的门槛，而是陷入这样或那样的"陷阱"，出现经济社会发展停滞甚至倒退的局面，很大程度上与法治不彰有关。在新的历史条件下，我们必须深刻汲取历史经验教训，坚持全面依法治国，加强社会主义法治建设，坚定不移走中国特色社会主义法治道路。

---

① 钱弘道：《中国法治实践学派的基本精神》，人民出版社2017年版，第12页。
② 中共中央文献研究室编：《习近平关于全面依法治国论述摘编》，中央文献出版社2015年版，第8页。
③ 习近平：《论坚持全面依法治国》，中央文献出版社2020年版，第210~211页。

习近平法治思想以马克思主义唯物史观为指导，从历史发展视角客观评价法治对古今中外治国理政的重要作用，总结出全面依法治国是经过历史检验了的科学有效治理方式，推行法治有助于社会的长治久安，有助于国家的繁荣昌盛，更有助于人民主体地位的坚持和巩固。

（二）现实逻辑：建设法治中国是保证国家长治久安的必然选择

建设法治中国，是解决我国经济社会发展过程中的各种问题，维护国家长治久安的必然选择。习近平总书记强调："全面推进依法治国是关系我们党执政兴国、关系人民幸福安康、关系党和国家长治久安的重大战略问题。"[①] 维护国家长治久安必须建设法治中国。

1.建设法治中国是由我国国情和实际的客观复杂性决定的

我国是一个有十四亿多人口的大国，地域辽阔，民族众多，国情复杂。我们党在这样一个大国长期执政，要保证国家统一、法制统一、政令统一、市场统一，要实现经济发展、政治清明、文化昌盛、社会公正、生态良好，就必须把全面依法治国坚持好、贯彻好、落实好。

2.建设法治中国是由我国各项建设任务的繁重性和发展环境的深刻复杂性决定的

党的十九届五中全会指出，我国发展仍然处于重要战略机遇期，但机遇和挑战都有新的发展变化。[②] 习近平总书记指出，当今世界正经历百年未有之大变局，国际形势复杂多变，改革发展稳定、内政外交国防、治党治国治军各方面任务之繁重前所未有，我们面临的风险挑战之严峻前所未有。这些风险挑战，有的来自国内，有的来自国际，有的来自经济社会领域，有的来自自然界……我们要运用制度威力应对风险挑战的冲击。[③] 因而，必须坚持依法治国，为党和国家事业发展提供根本性、全局性、长期性的制度保障。我们提出全面推进依法治国，坚定不移厉行法治，一个重要意图就是为子孙万代计、为长远发展谋。[④]

---

① 习近平：《论坚持全面依法治国》，中央文献出版社 2020 年版，第 86 页。

② 《中共中央关于制定国民经济和社会发展第十四个五年规划和二〇三五年远景目标的建议》，载《人民日报》2020 年 11 月 4 日第 1 版。

③ 《习近平谈治国理政（第三卷）》，外文出版社 2020 年版，第 112~113 页。

④ 习近平：《加快建设社会主义法治国家》，载《求是》2015 年第 1 期。

（三）理论逻辑：法治相对于人治具有诸多制度优越性

法治和人治问题是人类政治文明史上的一个基本问题，也是各国在实现现代化过程中必须面对和解决的一个重大问题。法治和人治两者最大的区别在于法律在国家治理中的地位和作用不同。

1. 法治的正面效应

亚里士多德认为法治应包含两重意义：已成立的法律获得普遍的服从，而大家所服从的法律又应该是本身制定得良好的法律。基于法治的内涵，其相对于人治的优越性最主要体现在社会功能方面。

第一，法治具有统一性和稳定性。法律是稳定的、制度化的社会规范，是国家治理的最高规则。法律对所有的人都适用，任何人都要服从法律。人治强调统治者个人意志至上，具有多变性和随意性，在执行力上基于上下管控的"命令—服从"关系，虽具有短期有效性，但难以长久保持。邓小平同志也曾多次强调"还是要靠法制，搞法制靠得住些"。[①]他还指出："为了保障人民民主，必须加强法制。必须使民主制度化、法律化，使这种制度和法律不因领导人的改变而改变，不因领导人看法和注意力的改变而改变。"[②]统一性和稳定性是法治制度优越性的重要方面。选择法治模式，是我党总结历史、面对现实、着眼未来的明智之举。

第二，法治具有可预见性。法律是由立法机关预先制定的共识性规则，以引导、约束和规范个人行为，具有相对稳定性，是公布周知的，既能增加人们行为的可预测性，又可以防止暗箱操作产生腐败。人治主要根据个人的主观判断、选择和决定来治理，其个人意志随时可能因情况变化而改变，具有主观随意性和内容不确定性，增加了行为人的未知风险，本质上限制了人的行为自由。习近平总书记多次强调要发挥法治固根本、稳预期、利长远的保障作用，实际上是对法治可预见性制度优势的强调。

第三，法治具有正义性和权威性。法律是广大人民意志的体现和反映，制定过程经过了专家论证和民主性讨论，制定程序规范而公正，能够获得人民的尊崇，体现了正义性，获得了权威性。正所谓"法不阿贵，绳不挠曲"。

---

① 《邓小平文选（第三卷）》，人民出版社1993年版，第379页。
② 《邓小平文选（第二卷）》，人民出版社1993年版，第146页。

这就是法治精神的真谛。法律的权威性还体现在人民对法律强制性惩罚的畏惧，担心国家给予负面评价及制裁的压力，从而服从法律的规制。人治通常只体现少数人的意志，难免出现偏私，缺乏法治的正义性和权威性。

第四，法治是由国家的强制力保证实施的，具有效力性。习近平总书记指出："各级行政机关必须依法履行职责，坚持法定职责必须为、法无授权不可为，决不允许任何组织或者个人有超越法律的特权。"①法治可以得到有效实施是因为有国家的强制力加以保证。人治通常是以领袖的个人魅力来引导人民的意志，一方面难以克服因领导人变更所引起的强制力削弱问题。另一方面如果领导人自己不守法，人民群众也不会守法。正所谓"其身正，不令而行；其身不正，虽令不从"。法治相对于人治还具有正当性，可以有效降低执政风险和成本，带来较大的公共利益，等等。因此，法治被认为是现代国家治理的有效方式。

2. 人治的负面效应

人治是指依靠个人或少数贤人作用治理国家的一种基本方式，它沿袭于古代君主专制政体、寡头政体，也体现在近现代的独裁统治和家长式领导的政府体制之中。人治无论作为社会经济秩序的保障，还是作为社会矛盾化解的手段，已不能适应现代社会的发展，并会产生种种弊端，但"人治"观念还普遍存在于我国社会各领域以及部分领导干部的思想意识中。习近平总书记指出："重人治、轻法治现象在部队中还比较突出。"②传统人治观念根深蒂固，目前部分领导干部在人治和法治问题上还存在着错误认识，认为依法办事条条框框多、束缚手脚，凡事都要自己说了算，大搞以言代法、以权压法。人治可能带来严重的法律后果，比如严重损害国家法治权威，损害司法公正。人治容易滋生官本位思想和特权现象，侵蚀社会主义民主法治建设。要尽力消除这类弊端，一方面是要加强思想建设，另一方面要加强制度建设，关键是要厉行法治，坚持全面依法治国。社会主义法治是在不断完善社会主义法律制度，不断克服各种人治弊端的过程中逐渐建立和健全起来的，并朝着更加文明和美好的社会发展。

---

① 习近平：《论坚持全面依法治国》，中央文献出版社 2020 年版，第 74 页。
② 习近平：《论坚持全面依法治国》，中央文献出版社 2020 年版，第 131 页。

习近平总书记强调："'国无常强，无常弱。奉法者强则国强，奉法者弱则国弱。'我们必须把依法治国摆在更加突出的位置，把党和国家工作纳入法治化轨道，坚持在法治轨道上统筹社会力量。"[①] 法治的制度优越性契合了世界文明未来发展的趋势，更能满足现实社会人民内心对公平正义的期盼。

（四）实践逻辑：建设法治中国是党和国家事业发展的可靠保障

全面依法治国是一项长期而重大的历史任务，也是一场深刻的社会变革和历史变迁。特别是在建设社会主义现代化强国的关键历史时期，在统筹推进伟大斗争、伟大工程、伟大事业、伟大梦想，全面建设社会主义现代化国家的新征程上，更要发挥好法治固根本、稳预期、利长远的保障作用。

1. 建设法治中国是"四个全面"战略布局的基础保障

2015 年，党中央提出了全面建成小康社会、全面深化改革、全面依法治国、全面从严治党"四个全面"的战略布局。一方面，"四个全面"战略布局的提出和形成，把全面依法治国提到了党和国家战略布局的新高度，赋予了全面依法治国新的战略角色和使命，破解了法治实践很多长期难以解决的难题，作出了一系列重大决策部署，办成了许多想办而一直没有办成的大事，使社会主义法治国家建设取得了一系列历史性成就。另一方面，"四个全面"战略布局之中包含着一系列内在的联系，彼此环环相扣、交互影响，进而有机贯通、相互促进、相得益彰。"四个全面"战略布局的内在联系可以看作是"战略目标—强大动力—法治保障—政治保证"的过程互动关系。其中全面依法治国在"四个全面"战略布局中起着法治保障作用。[②] 法治作为治国理政的主要方式，无论对全面建成小康社会奋斗目标的实现，还是对全面深化改革顶层设计的落实，抑或对全面从严治党的进一步深化，都需要国家提供法治上的保障。正如习近平总书记所言："没有全面依法治国，我们就治不好国、理不好政，我们的战略布局就会落空。"[③]

---

① 中共中央文献研究室编：《习近平关于全面依法治国论述摘编》，中央文献出版社 2015 年版，第 11 页。

② 王学俭主编：《十八大以来党的治国理政思想研究》，人民出版社 2017 年版，第 184~185 页。

③ 习近平：《论坚持全面依法治国》，中央文献出版社 2020 年版，第 145 页。

2. 建设法治中国是建设社会主义现代化强国的战略保障

党的二十大明确提出，从现在起，中国共产党的中心任务就是团结带领全国各族人民全面建成社会主义现代化强国、实现第二个百年奋斗目标，以中国式现代化全面推进中华民族伟大复兴。这是新时代中国特色社会主义发展的战略安排，它确立了党和国家事业长远发展的宏伟目标。一方面，建设法治中国是社会主义现代化强国建设目标的重要内容之一。在 2020 年到 2035 年的第一个发展阶段的目标设定中，要基本实现国家治理体系和治理能力现代化，全过程人民民主制度更加健全，基本建成法治国家、法治政府、法治社会，赋予了全面依法治国新的历史使命。另一方面，法治中国建设保证建设社会主义现代化强国顺利推进。进入新时代，中华民族现代化迎来重大历史发展机遇期，习近平总书记告诫全党同志，面对复杂的国际形势和周边环境，艰巨的国内改革发展任务，既要有防范风险的先手，也要有应对和化解风险挑战的高招，而依法治国就是重要的风险预防和化解手段。因此，必须坚持全面依法治国，加快建设中国特色社会主义法治体系、建设社会主义法治国家，深化依法治国实践，[①] 必须强化全面依法治国在坚持和发展中国特色社会主义现代化实践进程中的战略地位和保障作用。

3. 建设法治中国是推进国家治理体系和治理能力现代化的制度保障

党的十八届三中全会提出了推进国家治理体系和治理能力现代化的历史性任务。党的十八届四中全会指出依法治国是实现国家治理体系和治理能力现代化的必然要求。[②] 党的十九届四中全会从推进国家治理体系和治理能力现代化的角度，对坚持和完善中国特色社会主义法治体系，提高党依法治国、依法执政能力作出全面部署。可见，通过法治中国建设推进国家治理体系和治理能力现代化，在法治轨道上积极深化各项改革，为实现中华民族伟大复兴中国梦提供法治化引领、规范和保障，具有重要的战略意义。一方面，法治中国建设是实现国家治理体系和治理能力现代化的重要依托。坚持依法治国为党和国家事业发展提供根本性、全局性、长期性、稳定性的制度保障。国家治理能力现代化体现为运用制度体系治理国家的能力，其中很重要的方

---

① 李林：《建设法治强国》，人民出版社 2020 年版，第 401~402 页。
② 《中共中央关于全面推进依法治国若干重大问题的决定》，人民出版社 2014 年版，第 2 页。

面就是要切实实施法律制度，不断提高全面依法治国的能力和水平。另一方面，全面依法治国是国家治理体系的骨干工程。[①] 中国特色社会主义国家治理体系包括了党内法规制度体系和国家法律制度体系。推进国家治理体系现代化，就必须同时推进党内法规制度体系和国家法律制度体系现代化，这是完善和发展中国特色社会主义制度、推进国家治理现代化的重要方面。

4. 建设法治中国是应对我国社会主要矛盾变化的现实保障

我国社会主要矛盾已经转化为人民日益增长的美好生活需要和不平衡不充分的发展之间的矛盾，我国国家治理面临许多新任务新要求。一方面，社会主要矛盾的变化对法治中国建设提出了更高的要求。人民群众对美好生活的向往更多向民主、法治、公平、正义、安全、环境等方面延展。新的社会矛盾下，人民群众的需求开始转向涉及法治或与法治相关的公平正义、民主自由、环保安全等内容，这些都属于依法治国需要面对的时代问题，是推进科学立法、严格执法、公正司法和全民守法应当高度重视和积极回应的现实问题，是建设法治国家、法治政府和法治社会实践亟待解决的根本问题。[②] 另一方面，法治中国建设的服务供给存在着不充分、不及时的问题。如习近平总书记提到的法治领域存在着立法不足、执法不严、司法不公、法治信仰不高和腐败问题，以及其他一些法治问题。面对新形势下的众多法治实践供需矛盾，要求法治中国建设必须立足于人民对法治的新要求新期待，提高法治服务供给的能力和水平，为应对新时代社会主要矛盾的变化提供法治保障。

三、建设法治中国的意义

建设法治中国的重要意义可以概括为以下几个方面。

（一）必然性

习近平总书记结合古今中外治国理政的历史经验，深刻论述了法治作为

[①] 全国干部培训教材编审指导委员会：《建设社会主义法治国家》，人民出版社、党建读物出版社 2019 年版，第 17 页。

[②] 全国干部培训教材编审指导委员会：《建设社会主义法治国家》，人民出版社、党建读物出版社 2019 年版，第 29 页。

基本治国理政方式的必然性。他指出：“历史和现实都告诉我们，法治兴则国兴，法治强则国强。”① 近代以来，自戊戌变法和清末修律起，中国人一直在呼吁法制，但在当时的历史条件和政治条件下，仅仅靠法制是不能改变旧中国社会性质和中国人民悲惨命运的。我们党执政以来，虽历经坎坷，但对法治矢志不渝，从“五四宪法”到修正的《宪法》；从“社会主义法制”到“社会主义法治”；从“有法可依、有法必依、执法必严、违法必究”到“科学立法、严格执法、公正司法、全民守法”，我们党越来越深刻认识到，治国理政须臾离不开法治。无论是实现“两个一百年”奋斗目标，还是实现中华民族伟大复兴的中国梦，全面依法治国既是重要内容，又是重要保障。建设法治中国是历史发展的必然要求。

（二）**必要性**

法治是国家治乱兴衰的关键。习近平总书记高度重视法治“为长治久安计，为子孙万代谋”的作用，多次强调建设法治中国的必要性。他指出：“依法治国是党领导人民治理国家的基本方略，法治是治国理政的基本方式，要更加注重发挥法治在国家治理和社会管理中的重要作用，全面推进依法治国，加快建设社会主义法治国家。”② 法治塑造着人类生活的行为模式，追求公平、正义、自由、安全、秩序等诸种价值，具有可预期性、可操作性、可救济性等治理优势，有利于疏通利益诉求表达渠道，有利于公平化解社会矛盾，有利于公平配置社会资源，有利于广泛凝聚社会共识，是迄今为止人类所能找到的治国理政的最好方式，也是全面建设社会主义现代化国家的必然选择。

（三）**重要性**

建设法治中国对实现中华民族伟大复兴具有极为重要的战略意义。在统筹推进伟大斗争、伟大工程、伟大事业、伟大梦想的实践中，法治具有固根本、稳预期、利长远的重要作用；在建设富强民主文明和谐美丽的社会主义现代化强国中，法治具有基础性、保障性作用；在应对重大挑战、抵御重大风险、克服重大阻力、解决重大矛盾中，法治具有“国之重器”的威力。只有高度重视法治、不断加强法治，以法治指导、规范、促进和保障经济、政

---

① 习近平：《在中央全面依法治国委员会第一次会议上的讲话》，载《求是》2019 年第 4 期。
② 习近平：《论坚持全面依法治国》，中央文献出版社 2020 年版，第 10 页。

治、文化、社会和生态文明建设，努力实现经济运行法治化、政治建设法治化、文化建设法治化、社会治理法治化、生态文明建设法治化，才能为实现党和国家战略目标、总体布局和历史使命提供坚实保障。

（四）紧迫性

当今世界正经历百年未有之大变局，新一轮科技革命和产业变革深入发展，国际力量对比深刻调整，和平与发展仍然是时代主题，人类命运共同体理念深入人心，同时国际环境日趋复杂，不稳定性、不确定性明显增加，新冠疫情影响广泛深远，经济全球化遭遇逆流，世界进入动荡变革期。我国改革发展稳定、内政外交国防、治党治国治军各方面任务之繁重前所未有，我们面临的风险挑战之严峻前所未有。要打赢防范化解重大风险攻坚战，必须坚持和完善中国特色社会主义法律制度，在法治轨道上推进国家治理体系和治理能力现代化，运用法治力量应对风险挑战的冲击。在当前严峻的国际国内形势下，建设法治中国具有现实的紧迫性。

◉ 第三章 ◉

法治中国建设的基本形态

法治中国的基本形态是指法治中国的理想图景和基本模样，实质是回答"我们要建设什么样的法治中国"这一关键问题，其与法治中国建设的目标、方向、方法和路径密切关联，是法治价值取向的有形表达。笔者认为，法治中国建设的基本形态主要包括以下几个方面。

一、党的领导是法治中国的本质特征和根本保证

中国共产党的领导是法治中国的首要特征和独特法宝，习近平法治思想之党的领导理论是习近平法治思想的开篇之论，也是核心之论。

（一）坚持和加强党的领导是"法治中国建设"战略规划之本意

坚持党的领导，是社会主义法治的根本要求，是全面推进依法治国题中应有之义。法治中国的本质就是要巩固党的执政地位，是要在党的领导下更好地治国理政，实现国家治理体系与治理能力现代化。习近平总书记反复强调："全面推进依法治国，要有利于加强和改善党的领导，有利于巩固党的

执政地位、完成党的执政使命，决不是要削弱党的领导。"[①]"我们全面推进依法治国，绝不是要虚化、弱化甚至动摇、否定党的领导，而是为了进一步巩固党的执政地位、改善党的执政方式、提高党的执政能力，保证党和国家长治久安。"[②]此外，对加强和改善党对全面推进依法治国的领导提出"三统一""四善于"，并作了系统部署。

（二）中国共产党的领导地位和领导作用是我国宪法确定的

我国《宪法》第一条明确规定，中国共产党领导是中国特色社会主义最本质的特征。《宪法》以根本法的形式反映了党领导人民进行革命、建设、改革取得的成果，确立了在历史和人民选择中形成的中国共产党的领导地位。

（三）建设法治中国是中国共产党的一贯主张和不懈追求

我们党一贯倡导法治，提出建设法治国家，并且一直实际领导全面依法治国，产生了良好效果，取得了显著成效。依法治国是我们党提出来的，把依法治国上升为党领导人民治理国家的基本方略也是我们党提出来的，而且党一直带领人民在实践中推进依法治国。新中国成立以来，正是因为始终在党的领导下，集中力量办大事，国家统一有效组织各项事业、开展各项工作，才能成功应对一系列重大风险挑战、克服无数艰难险阻，始终沿着正确方向稳步前进。

（四）实现法治中国必须而且只能由中国共产党来掌舵领航

我国能保持长期稳定，根本的一条就是我们始终坚持中国共产党的领导。党的领导是党和国家事业不断发展的"定海神针"。党的领导是社会主义法治最根本的保证。 只有在党的领导下依法治国、厉行法治，人民当家作主才能充分实现，国家和社会生活法治化才能有序推进。实现"两个一百年"奋斗目标，我们不知还要爬多少坡、过多少坎、经历多少风风雨雨、克服多少艰难险阻。应对和战胜前进道路上的各种风险和挑战，关键在党。我们必须牢记，党的领导是中国特色社会主义法治之魂，是我们的法治同西方资本主义国家的法治最大的区别。离开了中国共产党的领导，中国特色社会主义法治

---

① 习近平：《加快建设社会主义法治国家》，载《求是》2015 年第 1 期。

② 中共中央文献研究室编：《习近平关于全面依法治国论述摘编》，中央文献出版社 2015 年版，第 35~36 页。

体系、社会主义法治国家就建不起来。党的领导和社会主义法治是一致的。社会主义法治必须坚持党的领导，党的领导必须依靠社会主义法治；党和法、党的领导和依法治国是高度统一的。

二、以人民为中心是法治中国建设的根本立场和力量源泉

党的十八届四中全会提出，建设中国特色社会主义法治体系、建设社会主义法治国家，必须"坚持人民主体地位"，并提出"人民是依法治国的主体和力量源泉"的重要论断；紧接着，党的十八届五中全会首次明确了"以人民为中心的发展思想"；随后，中央全面依法治国工作会议进一步强调，全面依法治国必须"坚持以人民为中心"。我国改革发展能够有序推进、社会能够保持长期稳定，很重要的一条就是始终坚持以人民为中心的发展思想，把促进社会公平正义、增进人民福祉作为工作的出发点和落脚点，努力让人民群众有更多获得感、幸福感、安全感。

（一）以人民为中心是法治中国建设的根本立场

"为什么人的问题，是一个根本的问题，原则的问题。"[1]坚持以人民为中心的根本立场，就是始终坚持一切为了人民。在全面依法治国的各领域全过程中都要体现以人民为中心的要求，这也是我们党一以贯之的价值追求。习近平总书记强调："全面依法治国最广泛、最深厚的基础是人民，必须坚持为了人民、依靠人民。要把体现人民利益、反映人民愿望、维护人民权益、增进人民福祉落实到全面依法治国各领域全过程。推进全面依法治国，根本目的是依法保障人民权益。"[2]面对新时代人民对美好生活的新期待新要求，习近平总书记强调，"人民幸福生活是最大的人权"，[3]"为人民谋幸福，是中国共产党人的初心。我们要时刻不忘这个初心，永远把人民对美好生活的向往

① 《毛泽东选集（第3卷）》，人民出版社1991年版，第857页。

② 《习近平在中央全面依法治国工作会议上强调坚定不移走中国特色社会主义法治道路为全面建设社会主义现代化国家提供有力法治保障》，载《人民日报》2020年11月18日第1版。

③ 《习近平致信纪念〈世界人权宣言〉发表70周年座谈会强调坚持走符合国情的人权发展道路促进人的全面发展》，载《人民日报》2018年12月11日第1版。

作为奋斗目标。"① 习近平总书记还指出："始终代表最广大人民根本利益，保证人民当家作主，体现人民共同意志，维护人民合法权益，是我国国家制度和国家治理体系的本质属性，也是我国国家制度和国家治理体系有效运行、充满活力的根本所在。"② 可见，以人民为中心是我国治国理政的根本政治遵循，法治中国建设同样要坚守人民立场。

（二）人民是法治中国建设的力量源泉

这是指法治中国建设的根本力量在于人民，必须依靠人民，必须牢固树立人民在法治建设进程中的主体地位。毛泽东同志指出："人民，只有人民，才是创造世界的动力。"③ 习近平总书记反复强调："人民是历史的创造者，是决定党和国家前途命运的根本力量。"④ "前进道路上，我们必须始终把人民对美好生活的向往作为我们的奋斗目标……尊重人民主体地位，尊重人民群众在实践活动中所表达的意愿、所创造的经验、所拥有的权利、所发挥的作用，充分激发蕴藏在人民群众中的创造伟力。"⑤ "要充分调动人民群众投身依法治国实践的积极性和主动性，使全体人民都成为社会主义法治的忠实崇尚者、自觉遵守者、坚定捍卫者，使尊法、信法、守法、用法、护法成为全体人民的共同追求。"⑥ 人民群众是我们力量的源泉，同时也是智慧的源泉。人民群众最了解实际情况，最容易发现问题，最有解决问题的经验，也最能创造出解决问题的办法。只有依靠人民才能完成法治中国建设这项艰巨任务，才能不断续写党和国家事业发展新篇章。

（三）以人民为中心是法治中国建设的工作导向

这是以人民为中心的内在含义和实践要求。习近平总书记反复强调："必须坚持法治建设为了人民、依靠人民、造福人民、保护人民，以保障人

---

① 习近平：《在党的十九届一中全会上的讲话》，载《求是》2018 年第 1 期。
② 习近平：《坚持和完善中国特色社会主义制度推进国家治理体系和治理能力现代化》，载《求是》2020 年第 1 期。
③ 《毛泽东选集（第 3 卷）》，人民出版社 1991 年版，第 1031 页。
④ 《习近平在纪念周恩来同志诞辰 120 周年座谈会上的讲话》，载《人民日报》2018 年 3 月 2 日第 2 版。
⑤ 《习近平在庆祝改革开放 40 周年大会上的讲话》，载《人民日报》2018 年 12 月 19 日第 2 版。
⑥ 习近平：《加快建设社会主义法治国家》，载《求是》2015 年第 1 期。

民根本权益为出发点和落脚点。"① "要把体现人民利益、反映人民愿望、维护人民权益、增进人民福祉落实到全面依法治国各领域全过程。"② "要把以人民为中心的发展思想贯穿立法、执法、司法、守法各个环节。"③ "努力让人民群众在每一项法律制度、每一个执法决定、每一宗司法案件中都感受到公平正义。"④

三、中国特色社会主义法治道路是法治中国建设的基本方向和必由之路

习近平法治思想深刻回答了法治中国建设走什么路的问题，科学指明了法治中国建设的前进方向和发展道路。

（一）中国特色社会主义法治道路是建设社会主义法治国家的唯一正确道路

这是中国特色社会主义法治道路的本质决定的。中国特色社会主义法治道路本质上是中国特色社会主义道路在法治领域的具体体现。中国特色社会主义道路，是一条把人民利益放在首位的道路，是实现社会主义现代化、创造人民美好生活的必由之路。中国用几十年的时间走完了发达国家几百年走过的发展历程，创造了举世瞩目的发展奇迹。这充分说明，中国人民走的是历史选择的道路，中国人民正走在正确的道路上。习近平总书记不仅从我们社会主义法治性质的角度作了论证，还从国际社会的法治经验以及我国法治建设的历史经验教训出发，总结出法治建设必须要坚持走自己的路。古今中外，由于政治发展道路选择错误而导致社会动荡、国家分裂、人亡政息的例子比比皆是。法治建设过程中法治道路的选择亦是如此。经过长期努力，我们已经成功开辟、坚持、拓展了中国特色社会主义政治发展道路和中国特色

---

① 《习近平关于〈中共中央关于全面推进依法治国若干重大问题的决定〉的说明》，载《人民日报》2014 年 10 月 29 日第 1 版。

② 《习近平在中央全面依法治国工作会议上强调 坚定不移走中国特色社会主义法治道路 为全面建设社会主义现代化国家提供有力法治保障》，载《人民日报》2020 年 11 月 18 日第 1 版。

③ 习近平：《论坚持全面依法治国》，中央文献出版社 2020 年版，第 218 页。

④ 习近平：《论坚持全面依法治国》，中央文献出版社 2020 年版，第 229 页。

社会主义法治道路。中国特色社会主义法治道路，是社会主义法治建设成就和经验的集中体现，是建设社会主义法治国家的唯一正确道路。在坚持和拓展中国特色社会主义法治道路这个根本问题上，我们要树立自信、保持定力。

（二）中国特色社会主义法治道路是最适合我国国情的法治道路

走什么样的法治道路、建设什么样的法治体系，是由一个国家的基本国情决定的。世界上不存在普世的、统一的法治道路，一个国家的法治道路的选择必然是从本国的历史、国情和实际出发所进行的选择。习近平总书记指出："我们有我们的历史文化，有我们的机制体制，有我们的国情，我们的国家治理有其他国家不可比拟的特殊性和复杂性，也有我们自己长期积累的经验和优势。"[①] 只有在我们自己慢慢摸索下走出来的路，才是最符合我国国情的道路，才是能行之久远的道路。西方模式不符合我国历史和实际，也解决不了中国问题。

（三）中国特色社会主义法治道路的基本内涵

习近平总书记对这一问题多次作了强调和论述，相对集中的阐述是在党的十八届四中全会上对《中共中央关于全面推进依法治国若干重大问题的决定》所作的说明、党的十八届四中全会第二次全体会议上的讲话、中央全面依法治国委员会第一次会议上的讲话、中央全面依法治国工作会议上的讲话等。在历次重要讲话中，习近平总书记从不同涵盖度上作了表达。为更好把握其核心含义，我们可以区分最广义、广义和狭义来理解。（1）最广义表达体现为"五个坚持"：必须坚持中国共产党的领导、坚持人民主体地位、坚持法律面前人人平等、坚持依法治国和以德治国相结合、坚持从中国实际出发。（2）广义表达提出了"三个核心要义"：坚持党的领导、坚持中国特色社会主义制度、贯彻中国特色社会主义法治理论。（3）狭义表达强调"走适合自己的法治道路"：要从中国国情和实际出发，走适合自己的法治道路，决不能照搬别国模式和做法，决不能走西方"宪政""三权鼎立""司法独立"的路子。细读习近平总书记几次与法治建设相关的重要讲话，我们会发现，其提到中

---

① 习近平：《论坚持全面依法治国》，中央文献出版社 2020 年版，第 176 页。

国特色社会主义法治道路时，越来越聚焦，基本上是从狭义上进行强调。其中一个原因是，前文提到的非常重要的一些基本的东西，比如党的领导、以人民为中心等，总书记都已经将其单独提出作了重点强调，因而在讲论法治道路时不再一一提及。

因此，坚持中国特色社会主义法治道路的实质是，要坚持从我国国情和实际出发，同时也要抱着开放的态度，但我们只能走自己的法治道路。一方面，必须从我国实际出发，同推进国家治理体系和治理能力现代化相适应，既不能罔顾国情、超越阶段，也不能因循守旧、墨守成规。另一方面，坚持从我国实际出发，不等于关起门来搞法治。我们也要抱着开放的态度，无论是传统的还是外来的，都要取其精华、去其糟粕。要传承中华优秀传统法律文化，从我国革命建设、改革的实践中探索适合自己的法治道路，同时借鉴国外法治有益成果，为全面建设社会主义现代化国家、实现中华民族伟大复兴夯实法治基础。需要特别注意，学习借鉴不等于是简单的拿来主义，必须坚持以我为主、为我所用，认真鉴别、合理吸收，不能搞"全盘西化"，不能搞"全面移植"，不能照搬照抄。总之，基本的东西必须是我们自己的，我们只能走自己的道路。

四、保障和促进社会公平正义是法治中国的崇高价值和基本追求

公平正义，民之所向。实现社会公平正义是我们党的一贯主张，公平正义是中国特色社会主义的内在要求。党的十九届四中全会总结了我国国家制度和国家治理体系具有的显著优势，其中一项就是"坚持全面依法治国，建设社会主义法治国家，切实保障社会公平正义和人民权利"的显著优势。习近平法治思想将公平正义摆在非常重要的位置，将其作为崇高价值追求，并对保障和促进社会公平正义提出了越来越高的要求，这标志着习近平总书记对建设法治中国的内涵和规律有了更加深刻、更高水平的认识。

（一）将"社会主义公平正义"作为法治中国的价值追求

公平正义是我们党追求的一个非常崇高的价值，全心全意为人民服务的宗旨决定了我们必须追求公平正义，保护人民权益、伸张正义。全面依法治

国，必须紧紧围绕保障和促进社会公平正义来进行。全面深化改革必须以促进社会公平正义、增进人民福祉为出发点和落脚点。要把促进社会公平正义、增进人民福祉作为一面镜子，审视我们各方面体制机制和政策规定，哪里有不符合促进社会公平正义的问题，哪里就需要改革。全面深化改革必须着眼创造更加公平正义的社会环境，不断克服各种有违公平正义的现象，使改革发展成果更多更公平惠及全体人民。

（二）健全社会公平正义法治保障制度

习近平总书记在党的十九届四中全会、中央全面依法治国委员会第三次会议、中央全面依法治国工作会议等讲话中强调了要健全社会公平正义法治保障制度。公平正义是法治的必然要求，法治是公平正义的坚实保障。我国社会历来有"不患寡而患不均"的观念，因而，我们的制度安排要更好地体现社会主义公平正义原则，加快完善体现权利公平、机会公平、规则公平的法律制度，同时，要用法治力量保障社会公平正义更好实现。习近平总书记强调："必须牢牢把握社会公平正义这一法治价值追求，努力让人民群众在每一项法律制度、每一个执法决定、每一宗司法案件中都能感受到公平正义。"① 习近平总书记对维护和实现社会公平正义的要求是逐步提升、不断拓展的，贯穿了立法、执法、司法等各个环节。他在首都各界纪念现行宪法公布施行三十周年大会上首次提出"努力让人民群众在每一个司法案件中都能感受到公平正义"，② 针对的是每一个司法案件，后来拓展到每一个执法案件、每一项法律制度。2019 年全国公安工作会议上又提出了更高标准，"努力让人民群众在每一起案件办理、每一件事情处理中都能感受到公平正义"。③ 此外，还提出要以更大的力度、更实的措施促进社会公平正义。④

（三）强调公正司法的重要性

公平正义是司法的灵魂和生命。公正司法是维护社会公平正义的最后一

---

① 习近平：《论坚持全面依法治国》，中央文献出版社 2020 年版，第 229 页。
② 习近平：《论坚持全面依法治国》，中央文献出版社 2020 年版，第 14 页。
③ 习近平：《论坚持全面依法治国》，中央文献出版社 2020 年版，第 259 页。
④ 习近平：《在第十三届全国人民代表大会第一次会议上的讲话》，载《人民日报》2018 年 3 月 21 日第 2 版。

道防线。所谓公正司法，就是受到侵害的权利一定会得到保护和救济，违法犯罪活动一定要受到制裁和惩罚。

五、充分尊重保障权利和有效制约监督权力是法治中国建设的核心理念和实践法则

权利与权力是法学领域的两个基本范畴，两者的关系是法治理论的核心问题。习近平法治思想在深刻分析权力的来源、本质及运行规律的基础之上，强调保障人民权益是全面依法治国的根本目的，必须以规范和约束公权力为重点，加强对公权力运行的制约和监督。"保障权利和监督权力"是现代民主法治的基本理念，习近平总书记结合我国实际，将"以人民为中心"的价值立场和公平正义的价值目标融入其中，注入了新观念，赋予了新内涵，提出了新的更高要求。《法治中国建设规划（2020—2025 年）》规定了法治中国建设的总体目标，将"权力运行受到有效制约监督，人民合法权益得到充分尊重保障"列入其中。[①]

（一）充分尊重和保障公民的权利

人民权益要靠法律保障，法律权威要靠人民维护。法治的根本价值与终极目的在于保障人民的权益，实现基本人权。人权是习近平法治思想的根本价值关切，是党的根本宗旨的深刻展现。我国《宪法》第三十三条第三款规定，国家尊重和保障人权。习近平总书记在首都各界纪念现行宪法公布施行30 周年大会上强调："尊重和保障人权原则，等等，这些宪法确立的制度和原则，我们必须长期坚持、全面贯彻、不断发展。"[②] 尊重和保障，体现了对国家权力的双重要求，一方面要尊重公民的基本人权（国家负有消极义务，非经法律程序不得剥夺个人的生命、自由和财产等权利，也不得非法干涉公民合法享有和行使权利）；另一方面要保障公民的权利（国家应当积极作为，主动创造条件保障个人权利的实现，并尽可能给予充分保护）。

---

① 中共中央印发《法治中国建设规划（2020—2025 年）》，载《人民日报》2021 年 1 月 11 日第 1 版。

② 习近平：《论坚持全面依法治国》，中央文献出版社 2020 年版，第 15 页。

习近平总书记对人权的法治保障提出了具体要求，并尤为重视人权的司法保障，体现在多次重大会议的报告和决定中。比如，党的十八届三中全会提出"完善人权司法保障制度"、党的十八届四中全会提出"加强人权司法保障"、党的十九大提出"加强人权法治保障"。习近平总书记还指出："人民幸福生活是最大的人权；中国坚持把人权的普遍性原则和当代实际相结合，走符合国情的人权发展道路，奉行以人民为中心的人权理念，把生存权、发展权作为首要的基本人权，协调增进全体人民的经济、政治、社会、文化、环境权利，努力维护社会公平正义，促进人的全面发展。"[1]习近平总书记的上述经典论断既丰富和发展了人权理论，也对如何尊重和保障公民权利作了具体指引。

（二）强化对公权力运行的制约和监督

一是权力必须受到制约和监督。权力是党和人民赋予的，是上下左右有界受控的，不是可以为所欲为、随心所欲的。要确保人民赋予的权力始终用来为人民谋幸福。然而，权力是一把双刃剑，在法治轨道上行使可以造福人民，在法律之外行使则必然祸害国家和人民。任何国家机关及其工作人员的权力都要受到制约和监督，不想接受监督的人、不能自觉接受监督的人、觉得接受党和人民监督很不舒服的人，就不具备当领导干部的起码素质。二是把权力关进制度的笼子里。把权力关进制度的笼子里，就是要依法设定权力、规范权力、制约权力、监督权力。比如，要督促掌握公权力的部门、组织合理分解权力、科学配置权力、严格职责权限，完善权责清单制度，加快推进机构、职能、权限、程序、责任法定化。国家机关履行职责、行使职权必须清楚自身行为和活动的范围和界限，不得违背法律法规随意作出减损公民、法人和其他组织合法权益或增加其义务的决定。

总之，正因为权力来源于权利，"权利实现是权力设定的根本目的所在"，[2]因而，权力应当服务于权利，尊重、保障与促进权利的实现。在法治中国建设进程中，我们应当秉持保障权利和制约监督权力理念，并将其作为

---

① 《习近平致信纪念〈世界人权宣言〉发表 70 周年座谈会强调 坚持走符合国情的人权发展道路 促进人的全面发展》，载《人民日报》2018 年 12 月 11 日第 1 版。

② 谢晖：《法学范畴的矛盾辨思》，山东人民出版社 2019 年版，第 201 页。

开展法治实践的基本法则。当然，也要特别注意，不能为了监督而监督，因为权力监督的目的是保证公权力正确行使，更好促进干部履职尽责、干事创业。

六、推进国家治理体系和治理能力现代化是法治中国建设的基本依托和重要目标

习近平法治思想深刻洞悉了法治中国建设与国家治理现代化之间的内在关联性。"国家治理现代化"是新时代提出的一个新概念，丰富了社会主义现代化的内涵，它涵盖了国家治理体系和治理能力现代化。习近平总书记在党的十八届三中全会上首次提出推进国家治理体系和治理能力现代化的命题；在党的十八届四中全会上对大会决定作说明时强调了法治对国家治理体系和治理能力的重要作用；在党的十九届四中全会上专题研究部署"坚持和完善中国特色社会主义制度、推进国家治理体系和治理能力现代化"问题；在中央全面依法治国工作会议上，将"坚持在法治轨道上推进国家治理体和治理能力现代化"作为"十一个坚持"中的一个重要内容。我们可从以下三个方面对习近平总书记"法治中国建设与国家治理现代化"的重要观点进行理解：

（一）法治是国家治理现代化的题中之义

推进国家治理体系和治理能力现代化，要高度重视法治问题，采取有力措施全面推进依法治国，建设社会主义法治国家，建设法治中国。国家治理体系和治理能力是一个国家制度和制度执行能力的集中体现；推进国家治理体系和治理能力现代化，就是要适应时代变化，使各方面制度更加科学、更加完善，实现党、国家、社会各项事务治理制度化、规范化、程序化。可见，国家治理现代化包含着法治化的"基因"。习近平总书记进一步强调，"一个现代化国家必然是法治国家"，①"法治是国家治理体系和治理能力的重要依托"，"全面依法治国是……推进国家治理体系和治理能力现代化的重要方

_____

① 习近平：《论坚持全面依法治国》，中央文献出版社 2020 年版，第 130 页。

面"，"建设中国特色社会主义法治体系、建设社会主义法治国家是实现国家治理体系和治理能力现代化的必然要求……有利于在法治轨道上推进国家治理体系和治理能力现代化"。① 有学者认为，"法治化是衡量国家治理现代化的标准，国家治理现代化关键在法治化"。② 有学者提出，"国家治理法治化是国家治理现代化的必由之路"。③

（二）国家制度现代化是法治中国建设的基本依托

国家治理现代化的首要体现是国家制度现代化。不管处在什么发展水平上，制度都是社会公平正义的重要保证。法治中国的制度一定是体现中国特色社会主义根本属性的现代化制度。现代化制度是法治中国的重要成分之一，构成了法治中国的基本根基与法则。又加上，法治中国建设是一项长期而艰巨的重大历史任务，是国家治理的一场深刻革命，涉及改革发展稳定、治党治国治军、内政外交国防等各个领域，我们需要通过制度力量来尽可能地凝聚全社会的改革发展共识，形成一股强大的行动力量来勠力完成。因此，法治中国建设需要现代化制度作为基本支撑，需要通过现代化制度凝聚共识，其建设过程也取决于国家制度和制度执行能力的现代化程度。

（三）推进国家治理现代化是法治中国建设的重要目标

党的十九届四中全会对制度建设、国家治理现代化的总体目标作了进一步明确，到 2035 年"各方面制度更加完善，基本实现国家治理体系和治理能力现代化"；到新中国成立一百年时"全面实现国家治理体系和治理能力现代化，使中国特色社会主义制度更加巩固、优越性充分展现"。④ 在全面建设社会主义现代化国家的新征程上，我们要更好发挥法治固根本、稳预期、利长远的保障作用。坚持全面依法治国，夯实中国之治的制度根基；发挥法治在国家治理和治理能力现代化中的积极作用；提升法治促进国家治理体系和治理能力现代化的效能；坚持在法治轨道上推进国家治理体系和治理能力现代化。推进国家治理现代化与法治中国建设具有高度关联性和同步性，是法

① 习近平：《论坚持全面依法治国》，中央文献出版社 2020 年版，第 85~87 页、第 93~94 页。
② 胡建淼：《国家治理现代化关键在法治化》，载《学习时报》2014 年 7 月 14 日第 5 版。
③ 张文显：《法治与国家治理现代化》，载《中国法学》2014 年第 4 期。
④ 《中共中央关于坚持和完善中国特色社会主义制度推进国家治理体系和治理能力现代化若干重大问题的决定》，载《人民日报》2019 年 11 月 6 日第 1 版。

治中国建设的一个重要目标。此外，"越是强调法治，越是要注重法的质量与品格，法治本身也要经历一个现代化过程"① 国家治理现代化离不开法治的现代化，法治现代化能促使法治在国家治理中发挥更好更大的作用，从而加快推进国家治理现代化的全面实现。总之，法治是国家治理现代化的基本要求，反过来，法治中国建设又以国家制度现代化为基本依托，同时以推进国家治理现代化为重要目标，两者相辅相成，相得益彰。

七、服从和服务于党和国家大局是法治中国建设的应有之义和必然要求

习近平总书记在讲论法治问题时，总是反复强调法治要与党和国家大局始终连接在一起，不能为了法治而法治，其大局意识、全局观念是十分鲜明的。习近平法治思想体现出，服从和服务于党和国家大局是法治中国建设的应有之义和必然要求。这是因为：一是法治建设本身就是党和国家大局的一个组成部分，应当把准自身在大局中的定位，明确自身在大局中应发挥的作用，自觉在大局之下谋篇行事，服从和服务于党和国家大局；二是我国社会主义法治国家建设的性质、方向、道路、价值取向等都决定了，法治中国建设要为党和国家大局服务，要提供基本保障、营造良好法治环境、为人民谋取福利。这也是我国法治国家建设理念立场与其他国家的区别之处。三是法治中国的建成客观依赖于党和国家大局的实现。法治中国不是独自可以建成的，需要党和国家发展的良好局面创造条件。

根据习近平总书记的系列论述，法治中国建设服从和服务于党和国家大局，主要指法治中国建设要坚持与战略目标相适应、与其他战略布局相协调、与国家治理现代化相协同等。法治中国建设与党和国家大局是相互依存、相辅相成的。在党的十八届四中全会对全面推进依法治国进行总体部署时，习近平总书记就强调了要立足全局和长远来统筹谋划，要突出考虑围绕中国特色社会主义事业总体布局，体现推进各领域改革发展对提高法治水平

---

① 江必新：《实现法治自身的现代化》，载《北京日报》2014 年 11 月 10 日第 9 版。

的要求，而不是就法治论法治；适应推进国家治理体系和治理能力现代化要求；在主持召开中央全面依法治国委员会第二次会议时，习近平总书记强调："法治建设规划……同我国发展的战略目标相适应，同全面建成小康社会、全面深化改革、全面从严治党相协同。"[①] 在中央全面依法治国委员会第三次会议上，习近平总书记进一步明确："法治建设的中长期目标，要统筹考虑国际国内形势、法治建设进程和人民群众法治需求，同推进国家治理体系和治理能力现代化的要求相协同。"[②] 此外，在法治建设的具体领域，习近平总书记也作了相关强调。比如，对于立法工作，要求"各有关方面都要从党和国家工作大局出发看待，不要囿于自己那些所谓利益，更不要因此对立法工作形成干扰。要想明白，国家和人民整体利益再小也是大，部门、行业等局部利益再大也是小"。[③]

八、依法治国与以德治国相结合是法治中国建设的必然选择和鲜明特色

习近平总书记在深刻把握治国理政规律的基础上，明确指出："在新的历史条件下，我们要把依法治国基本方略、依法执政基本方式落实好，把法治中国建设好，必须坚持依法治国和以德治国相结合，使法治和德治在国家治理中相互补充、相互促进、相得益彰，推进国家治理体系和治理能力现代化。"[④] 并指明，中国特色社会主义法治道路的一个鲜明特点，就是坚持依法治国和以德治国相结合，强调法治和德治两手抓、两手都要硬。[⑤] 习近平总书记的精辟论述告诉我们，法治中国建设必须坚持依法治国与以德治国相结合，这是法治中国建设的必然选择和鲜明特色。

（一）坚持依法治国和以德治国相结合的立意及其理据

改革开放以来，我们党在深刻总结我国法治建设的历史经验教训的基础

---

① 习近平：《论坚持全面依法治国》，中央文献出版社 2020 年版，第 253 页。
② 习近平：《论坚持全面依法治国》，中央文献出版社 2020 年版，第 275 页。
③ 习近平：《论坚持全面依法治国》，中央文献出版社 2020 年版，第 20 页。
④ 习近平：《论坚持全面依法治国》，中央文献出版社 2020 年版，第 165 页。
⑤ 习近平：《论坚持全面依法治国》，中央文献出版社 2020 年版，第 166 页、第 179 页。

之上，提出了依法治国和以德治国相结合的治国理念，走出了一条中国特色社会主义法治道路。党的十八届四中全会《中共中央关于全面推进依法治国若干重大问题的决定》将"坚持依法治国和以德治国相结合"作为实现全面推进依法治国总目标必须坚持的五项原则之一。习近平总书记将其与"坚持中国共产党的领导、坚持人民主体地位、坚持法律面前人人平等、坚持从中国实际出发"一同列入"走中国特色社会主义法治道路"必须长期坚持的基本的东西。可见，习近平总书记对"法德合治"的重视程度。之后，在主持中共十八届中央政治局第三十七次集体学习时，习近平总书记又作了更全面深入的阐述，把其中的道理讲得很深很透。

1. 法治和德治有共同特点与共同目标

法律和道德都具有规范社会行为、调节社会关系、维护社会秩序的作用，国家和社会治理需要法律和道德共同发挥作用，法治和德治都是治国理政不可或缺的重要手段。

2. 法治和德治有各自特性和特有功能

法律和道德在国家治理有其地位和功能。法安天下，德润人心。法律规范人们的行为，可以强制性地惩罚违法行为，但不能代替解决人们思想道德的问题。道德起教化作用，能提高全社会文明程度，为全面依法治国创造良好人文环境。

3. 法治和德治必须相互补充、相得益彰

法律是成文的道德，道德是内心的法律。治理国家、治理社会必须一手抓法治、一手抓德治，既重视发挥法律的规范作用，又重视发挥道德的教化作用，实现法律和道德相辅相成、法治和德治相得益彰。法律是准绳，任何时候都必须遵循；道德是基石，任何时候都不可忽视；法律有效实施有赖于道德支持，道德践行也离不开法律约束。法治和德治不可分离、不可偏废，国家治理需要法律和道德协同发力。法是他律，德是自律，需要二者并用。历史也给予我们启示，通观我国古代历史，法治和德治运用得当的时期，大多能出现较好的治理和发展局面。国外也是这样，凡是治理比较有效的国家，都注重法治，同时注重用道德调节人们的行为。

（二）依法治国和以德治国相结合的具体要求

习近平总书记的法治观深受我国优秀传统法律文化的浸润，他主张的法治是蕴含良善道德属性的法治，是具有较高道德水准的法治，是融入了社会主义核心价值观的法治，是良法善治。在这一法治观指引下，习近平总书记提出了两者相结合的具体要求。

1. 要强化道德对法治的支撑作用

强化道德对法治的支撑作用，就是要在道德体系中体现法治要求，发挥道德对法治的滋养作用，努力使道德体系同社会主义法律规范相衔接、相协调、相促进。

2. 要把道德要求贯彻到法治建设中

以法治承载道德理念，道德才有可靠制度支撑。法律法规要树立鲜明道德导向，弘扬美德义行，立法、执法、司法都要体现社会主义道德要求，都要把社会主义核心价值观贯穿其中，使社会主义法治成为良法善治。

3. 要运用法治手段解决道德领域突出问题

运用法治手段解决道德领域突出问题，就是要明确对失德行为的法律惩戒措施、依法加强对失德行为的整治、抓紧建立覆盖全社会的征信系统、完善守法诚信褒奖机制和违法失信惩戒机制、加大对败德违法者的惩治力度。此外，还要增强全民法治意识和道德自觉，发挥领导干部在依法治国和以德治国中的关键作用。

九、厉行法治是法治中国建设的内在要求

厉行法治是党和国家长治久安的重要保障。必须坚持依法治国，为党和国家事业发展提供根本性、全局性、长期性的制度保障。

（一）深化全面依法治国实践更加需要厉行法治

随着法治中国建设进程的不断深入，我国各项事业建设任务的繁重程度和发展环境的深刻复杂程度也将随之加深，我们面临的风险挑战之严峻前所未有。我们要运用制度威力应对风险挑战的冲击，要依靠法治、坚定不移厉行法治，更好发挥法治固根本、稳预期、利长远的保障作用。厉行法治是全

面依法治国、推进法治中国建设的根本要求。"全面依法治国是国家治理的一场深刻革命，必须坚持厉行法治，推进科学立法、严格执法、公正司法、全民守法。"①

（二）厉行法治是依法治权的治本之策

《法治中国建设规划（2020—2025 年）》将"权力运行受到有效制约监督"确立为法治中国建设的总体目标之一。法治中国要求依法治权，把权力关进法律和制度的笼子里，依法设定权力、规范权力、制约权力、监督权力。如果法治的堤坝被冲破了，权力的滥用就会像洪水一样成灾。要把厉行法治作为治本之策，把权力运行的规矩立起来、讲起来、守起来，真正做到谁把法律当儿戏，谁就必然要受到法律的惩罚。各级党组织和党员领导干部要带头厉行法治，不断提高依法执政能力和水平，不断推进各项治国理政活动的制度化、法律化。领导干部要做用法的模范，带头厉行法治、依法办事。要把对法治的尊崇、对法律的敬畏转化成思维方式和行为方式，做到在法治之下，而不是法治之外，更不是法治之上想问题、作决策、办事情。

（三）厉行法治需要全社会的共同努力

法律的生命力在于实施，法律的权威也在于实施。法律只有得到有效实施，才有生命力；否则，再多再好的法律也将形同虚设，发挥不了应有的作用。因而，必须厉行法治，推进严格规范公正文明执法，努力提升司法的质量、效率和公信力，确保宪法法律的有效实施。厉行法治不是仅对"关键少数"的要求，它需要全社会共同参与，只有全体人民信仰法治、厉行法治，国家和社会生活才能真正实现在法治轨道上运行。只有铭刻在人们心中的法治，才是真正牢不可破的法治。党的十八届四中全会《中共中央关于全面推进依法治国若干重大问题的决定》要求，必须弘扬社会主义法治精神，建设社会主义法治文化，要增强全社会厉行法治的积极性和主动性，使全体人民都成为社会主义法治的忠实崇尚者、自觉遵守者、坚定捍卫者。

---

① 习近平：《论坚持全面依法治国》，中央文献出版社 2020 年版，第 186 页。

十、法治中国是良法与善治的统一

良法善治是社会主义核心价值观融入法治的根本体现和价值导向，凸显新时代中国法治的科学内涵和内在价值，^①是法治中国的理想图景。党的十八届四中全会《中共中央关于全面推进依法治国若干重大问题的决定》提出了"良法善治"，党的十九大报告重申"良法善治"，并强调"以良法促进发展、保障善治"。《法治中国建设规划（2020—2025年）》提出了奋力建设良法善治的法治中国。

（一）良法是法治中国的本质规定

1. 法治的基本内涵是良法善治

我们党在观察反思古今中外各种法治模式的基础上，提出"法律是治国之重器，良法是善治之前提"，这是法治"良法善治"基本内涵的提炼，超越了工具主义法治和形式主义法治的局限。良法是善治之前提，国家若要善治，必先有良法。法律的良好实施，以科学完备的法律规范体系为前提。习近平总书记特别强调立良法的重要性，提出要提高立法质量。他指出，人民群众对立法的期盼，已经不是有没有，而是好不好、管用不管用、能不能解决实际问题；不是什么法都能治国，也不是什么法都能治好国；越是强调法治，越是要提高立法质量；发展要高质量，立法也要高质量；推进科学立法、民主立法，是提高立法质量的根本途径。科学立法的核心在于尊重和体现客观规律，民主立法的核心在于为了人民、依靠人民；推进科学立法，关键是完善立法体制，提高立法质量；要推动把社会主义核心价值观贯穿立法、执法、司法、守法各环节，使社会主义法治成为良法善治。

2. 法治中国所倡导的法治基本价值是评价法良善与否的重要标尺

良法应当体现社会的良善价值，如公平、正义、自由、民主、人权、效率等，其中，尊重和保障人权、保障和促进社会公平正义是核心价值追求。

---

① 江必新、程琥：《论良法善治原则在法治政府评估中的应用》，载《中外法学》2018年第6期。

我国推进全面依法治国，根本目的是依法保障人民权益，因而要把以人民为中心的发展思想贯穿立法、执法、司法、守法各个环节，使法律及其实施充分体现人民意志。关于制定良法的基本要求，习近平总书记指出，要坚持问题导向，提高立法的针对性、及时性、系统性、可操作性，发挥立法的引领和推动作用；要努力使每一项立法都符合宪法精神、反映人民意愿、得到人民拥护。可见，良法在内容上是正当的且能得到人民实际认可、易于被人民接受的法律，在形式上是利于实施的法律，这些为"善治"创造了基本条件。

（二）善治是法治中国的重要目标

法治中国追求的目标并非仅仅是获得良法，更关键的是通过良法实现"善治"。

1. 善治是实现良法价值追求的必然要求

善治是良法的有效贯彻实施。"实现善治，就是要把制定良好的宪法法律付诸实施，把表现为法律规范的各种制度执行、运行好，公正合理高效及时地用于治国理政，通过法治卓有成效的运行，满足良法的价值追求。"[1] 此外，还要注重从实施的角度来反观立法的质量，从而进一步完善法律规范，增强法律规范本身的可操作性和可实施性。[2] 而这一反观的过程，又能更好地促进善治，以确保党和人民共同意志的实现。

2. 善治要求提升治理能力和治理水平

善治要求注重实质法治和形式法治的良性结合与协调，寻求和贯彻良好规则的良善治理。在法治实践中，在遵守既定规则、尊重法定程序的同时，也要注意把握规则性与灵活性的统一和平衡。[3] 比如在执法司法过程中，我们应当尊重法条，但不是指刻板地遵守法条的字面意义本身，而是尊重其所蕴含的法律确定性价值。特别是在疑难案件中要注重价值衡量、利益衡平等，

---

① 李林、莫纪宏：《全面依法治国建设法治中国》，中国社会科学出版社2019年版，第47~48页。

② 江必新：《国家治理现代化与法治中国建设》，中国法制出版社2016年版，第128页。

③ 参见江必新：《贯彻习近平法治思想提升法治建设效能》，载《学习时报》2021年5月14日第1版。

追求实质正义，努力让人民群众在每一个司法案件中感受到公平正义。此外，要善于运用法治思维和法治方式。习近平总书记多次强调，各级领导干部要不断提高运用法治思维和法治方式深化改革、推动发展、化解矛盾、维护稳定、应对风险的能力，做尊法学法守法用法的模范。①

---

① 习近平：《论坚持全面依法治国》，中央文献出版社 2020 年版，第 6 页。

⦿ 第四章 ⦿

法治中国建设的基本任务

　　法治中国建设是一个系统工程，是国家治理领域一场广泛而深刻的革命。这场革命要顺利推进，就要立足国家全局，在宏观上确定法治中国建设的基本任务。法治中国建设的基本任务科学指明了建设中国特色社会主义法治国家的战略安排问题，要求我们按照总任务、首要任务、根本任务、重点任务、急迫任务、常规任务等六个方面有序推进。

一、总任务：建设中国特色社会主义法治体系

　　法治中国建设的总任务是建设中国特色社会主义法治体系，即形成完备的法律规范体系、高效的法治实施体系、严密的法治监督体系、有力的法治保障体系，形成完善的党内法规体系。这一总任务涵括了法的创制、实施、监督、保障等法治运行全过程以及管党治党领域。建设法治中国首先要有法可依，建设完备的法律规范体系。法律的生命在于实施，法律的权威也在于实施。有了完备的法律规范体系，就要保证其得以实施，即要建设高效的法治实施体系。法治实施过程中会出现消极不作为、乱作为、超越职权、滥用

职权等问题，这就需要建设严密的法治监督体系。此外，立法、执法、司法和监督需要一系列的条件保障；如果没有这些必需的条件和保障，法治中国也建立不起来，因此要建设有力的法治保障体系。我们党是执政党，依法治国和依规治党要统筹考虑、统筹安排，这就需要建设完善的党内法规体系。

二、首要任务：依宪治国、依宪执政

依宪治国、依宪执政是建设法治中国的首要任务。习近平总书记指出："坚持依法治国首先要坚持依宪治国，坚持依法执政首先要坚持依宪执政。"建设法治中国，必须高度重视宪法在治国理政中的重要地位和作用，把全面贯彻实施宪法作为首要任务，健全保证宪法全面实施的体制机制，将宪法实施和监督提高到新水平。依法治国首先是依宪治国，依法执政关键是依宪执政。全面贯彻实施宪法，是建设社会主义法治国家的首要任务和基础性工作。[①] 实践证明，只有坚持依宪治国、依宪执政，做好宪法实施和监督工作，社会主义法律制度才具有坚实的基础，国家的长治久安才有可靠的保障。

（一）正确认识依宪治国、依宪执政中宪法的作用

宪法的性质、地位和效力决定了坚持依法治国首先是依宪治国，依法执政关键是依宪执政。一是从宪法内容上看，宪法确立了国家的根本制度、根本任务、公民的基本权利和基本义务以及国家生活的基本准则，这不仅是依法治国的重要内容，也是党的路线、方针、政策通过法定程序上升为国家意志的集中体现。二是从宪法地位上看，宪法是国家的根本法，在中国特色社会主义法治体系中居于核心地位，是其他法律的根据和基础，一切法律法规都要与宪法保持一致。三是从宪法效力上看，宪法具有最高的法律效力，任何组织和个人都必须以宪法为根本活动准则，都负有维护宪法尊严、保证宪法实施的职责，这里的任何组织也包括党组织。在依法治国、依法执政过程中要牢固树立宪法意识，遵守宪法根本活动准则，切实保证宪法有效实施。

---

① 习近平：《论坚持全面依法治国》，中央文献出版社 2020 年版，第 10 页。

（二）深刻理解依宪治国、依宪执政的根本动因

我国宪法实现了党的主张和人民意志的高度统一，具有显著优势、坚实基础、强大生命力。宪法实现了党的领导、人民当家作主、依法治国有机统一，这是依宪治国、依宪执政作为全面依法治国首要任务的根本动因。一是我国现行宪法是在党的领导下，在深刻总结我国社会主义革命、建设、改革实践经验基础上制定和不断完善的，实现了党的主张和人民意志的高度统一。维护宪法权威，就是维护党和人民共同意志的权威。宪法得到有效实施，就是党和人民的意志得到贯彻落实。二是从宪法层面明确了党的领导方式、执政方式及领导地位。党的领导方式要求党领导人民制定宪法法律，领导人民实施宪法法律，党自身要在宪法法律范围内活动。党的执政方式要求必须依据党章从严治党、依据宪法治国理政。要坚持党总揽全局、协调各方的领导核心作用，做到党领导立法、保证执法、支持司法、带头守法。党的领导地位要求必须坚持宪法确定的中国共产党领导地位不动摇，坚持宪法确定的人民民主专政的国体和人民代表大会制度的政体不动摇。实践表明，我国宪法是符合国情、符合实际、符合时代发展的好宪法，坚持依宪治国、依宪执政，才能保证依法治国、党的领导和人民根本利益的实现。

（三）有效推动依宪治国、依宪执政的重点工作

宪法的生命在于实施，宪法的权威也在于实施，坚持依宪治国、依宪执政的重点工作主要体现为确保宪法得到有效实施。一是维护宪法权威是宪法实施的重要前提。宪法作为国家的根本大法，其有没有权威直接关系到国家法治的权威能否树立起来，必须把宣传和树立宪法权威作为全面依法治国的重大事项抓紧抓好，切实在宪法实施和监督上下功夫。二是不断健全制度体系是宪法实施的重要保障。习近平总书记强调："要用科学有效、系统完备的制度体系保证宪法实施，加强宪法监督，维护宪法尊严，把实施宪法提高到新水平。"[①] 健全保证宪法有效实施的体制机制包括：加强人大宪法监督的法定职责，落实宪法解释程序机制，推进合宪性审查工作，完善备案审查制度，等等。三是加强宪法学习宣传教育是宪法实施的思想基础。要深入开展宪法

① 习近平：《弘扬宪法精神 树立宪法权威 使全体人民都成为社会主义法治的忠实崇尚者自觉遵守者坚定捍卫者》，载《人民日报》2018年12月5日第1版。

宣传教育，大力弘扬宪法精神，切实增强宪法意识，推动全面贯彻实施宪法。要增强宪法自信，坚定宪法自信是坚持中国特色社会主义道路自信、理论自信、制度自信、文化自信的重要体现。要建立宪法宣誓制度，增强公职人员宪法观念，在全社会增强宪法意识、树立宪法权威。

三、根本任务：在法治轨道上实现国家治理体系和治理能力现代化

法治中国建设的根本任务是在法治轨道上实现国家治理体系和治理能力现代化。现代化的国家治理强调把制度建设摆在突出位置，坚持用制度管权管事管人，促进科学执政、依法执政。要高度重视运用法治思维和法治方式，发挥法治的引领和推动作用，确保在法治轨道上推进制度设计、创新和执行，通过不断改革创新，使中国特色社会主义法律制度更加成熟、更加定型，更加符合人民的意志和愿望，更加符合国家治理的规律，更加契合时代发展的潮流，实现国家治理活动的规范化、程序化、法治化。

（一）依法治国是国家治理体系和治理能力现代化的重要方面

国家治理体系是在党的领导下管理国家的制度体系，是一整套紧密相连、相互协调的国家制度；国家治理能力则是运用国家制度管理社会各方面事务的能力。法律体系是最重要的国家治理体系之一，法治能力是最重要的国家治理能力之一。习近平总书记指出："推进国家治理体系和治理能力现代化，当然要高度重视法治问题，采取有力措施全面推进依法治国，建设社会主义法治国家，建设法治中国。"[①] 他将国家制度和法律制度统一于国家治理体系之中，认为中国特色社会主义国家制度和法律制度是被实践证明了的科学制度体系，是一套行得通、真管用、有效率的制度体系。在国家治理体系现代化的过程中，要不断改革和创建符合时代要求的法律法规和体制机制。如修改宪法、深化司法体制改革、深化国家监察体制改革等，都是依法治国在推进国家治理体系和治理能力现代化的重要方面。

---

① 中共中央文献研究室编：《习近平关于全面依法治国论述摘编》，中央文献出版社 2015 年版，第 3 页。

（二）法治化是国家治理体系和治理能力现代化的必然要求

在现代社会，法治化是衡量国家治理体系和治理能力现代化水平的主要标准，同时也是实现国家治理体系和治理能力现代化的必然要求。一是宪法法律确认和巩固各项国家制度。通过宪法法律确认和巩固国家根本制度、基本制度、重要制度，并运用国家强制力保证实施，保障了国家治理体系的系统性、规范性、协调性、稳定性。二是法治是国家治理的最基本也是最有效的形式。法律是治国之重器，运用法律调节社会关系、维护社会秩序、规范人的行为是治国理政的重要手段。三是法治具有固根本、稳预期、利长远的作用，有助于应对重大风险，解决重大矛盾。我国社会主义法治凝聚着我们党治国理政的理论成果和实践经验，是制度之治最基本最稳定最可靠的保障。

（三）充分发挥法治在国家治理体系和治理能力现代化中的积极作用

坚持和完善中国特色社会主义制度、推进国家治理体系和治理能力现代化既是一项长期战略任务，又是一个重大现实课题。法治体系是国家治理体系和治理能力现代化的重要依托，要在法治轨道上推进国家治理体系和治理能力现代化，必须发挥法治在其中的积极作用。一是提高党依法治国、依法执政能力，逐步推进党的领导制度化、法治化、规范化；二是用法治保障人民当家作主，保证人民在党的领导下通过各种途径和形式管理国家各项事务；三是坚持和完善中国特色社会主义法治体系，实现依法治国、依法执政、依法行政共同推进，法治国家、法治政府、法治社会一体建设；四是发挥法治对改革发展稳定的引领、规范、保障作用，推动各方面制度更加成熟、更加定型；五是建设高素质法治工作队伍，努力为社会主义法治国家提供充足的人才保障。

四、重点任务：科学立法、严格执法、公正司法、全民守法

法治中国建设的重点任务是科学立法、严格执法、公正司法、全民守法。习近平总书记指出，要"准确把握全面推进依法治国重点任务，着力推进科学立法、严格执法、公正司法、全民守法"。[①] 科学立法、严格执法、公

---

① 习近平：《加快建设社会主义法治国家》，载《求是》2015 年第 1 期。

正司法、全民守法作为"新十六字方针"是对原"十六字方针"的发展和提升，明确了全面依法治国的重点环节和关键内容，对依法治国实践具有重要指导意义。习近平总书记多次对"新十六字方针"进行了深入论述，特别强调，科学立法是前提，严格执法是关键，公正司法是保障，全民守法是基础，它们内部彼此联系紧密、相辅相成，在整体协同推进的同时还要解决好立法、执法、司法、守法各环节的突出矛盾和关键问题，抓住主要矛盾和主要方面，共同推进全面依法治国。

（一）科学立法是建设法治中国的前提

习近平总书记对立法的要求是科学立法、民主立法、依法立法，通称"三立法"理念，三者之中，科学立法是核心和重点。科学立法要求立法理念、立法内容和立法技术都应符合科学性和客观规律性。科学立法是基于全面依法治国对法律体系形成、完善和发展有了更高的要求，以及需要解决目前立法领域存在的立法空白、立法不完善、立法缺乏可操作性等突出问题而提出的。科学立法面对的主要问题是立法质量不高，而提高立法质量的关键在于：一是尊重和体现客观规律，立足国情和实际，积极适应改革发展需要，回应人民期待，协调好各种利益关系。二是坚持问题导向，完善立法体制和程序，提高立法的及时性、系统性、针对性、可执行性和可操作性等。三是维护宪法权威和法制统一，坚持立改废释并举，共同推进立法工作，特别是要从党和国家工作大局出发看待立法工作，不囿于自己的私利，不对立法工作形成干扰。

（二）严格执法是建设法治中国的关键

习近平总书记对执法的要求是严格、规范、公正、文明，其中严格执法是重点和核心，但他同时也指出："严格文明公正执法是一个整体……不能畸轻畸重。"[1]严格执法体现为两个方面：一是要求执法人员严格按照法律规定和程序办案，做到执法有据，二是要求执法人员对一切违法行为都要依法追究责任，做到执法有力。严格执法的提出主要是要解决我们社会生活中有法不依、失于规制乃至以权谋私、徇私枉法、破坏法治等突出问题。执法不严问

---

[1] 习近平：《论坚持全面依法治国》，中央文献出版社2020年版，第51~52页。

题的解决路径为：一是强调执法主体要积极履责，要加强对执法活动的监督，坚决排除对执法活动的非法干预等。二是要率先突破法治政府建设，用法治给行政权力定规矩、划界限，规范行政决策程序，加快转变政府职能。三是坚决防止和克服地方保护主义和部门保护主义，提高领导干部运用法治思维和法治方式的能力，坚决惩治腐败现象，做到权责统一。

（三）公正司法是建设法治中国的保障

习近平总书记对司法的要求是公正、高效、权威，将公正作为对司法机关的核心要求，是因为公正司法是维护社会公平正义的最后一道防线。他强调："努力让人民群众在每一个司法案件中都能感受到公平正义。"[1] 如果不努力这样做，人民群众就不会相信政法机关，从而也会对党和政府失去信任。所谓公正司法，就是受到侵害的权利一定会得到保护和救济，违法犯罪活动一定要受到制裁和惩罚。针对群众反映强烈的，司法审判中存在的请客送礼、打招呼、批条子等严重司法不公问题，公正司法的要求日益严格。一要维护司法作为社会公平正义的最后一道防线的地位，深化司法体制改革，健全权责明晰的司法权力运行机制，建设公正高效权威的社会主义司法制度。二要发挥司法作为定分止争最后一道防线的作用，坚持司法为民，改进司法工作作风，提供多种司法服务，解决人民打官司难的问题，让司法充满人性关怀。三要树立司法作为法律尊严和权威的最后一道防线的形象，增强司法机关主动公开、接受监督的意识，坚持司法公开，以公开促公正、以透明保廉洁，树立司法权威和公信力。

（四）全民守法是建设法治中国的基础

法律要发生作用，全社会民众要信仰法律。习近平总书记所强调的全民守法至少包含两层意思：一是强调守法主体的普遍性和平等性，任何组织或个人都必须遵守宪法和法律；二是强调权利与义务的对等性，任何公民、社会组织和国家机关在依法享有权利的同时也要履行义务、承担责任。全民守法的要求是针对社会缺乏法律信任感，有问题不依靠法律来解决的现象而提出的，改进方法为：一是从观念上，加强法治宣传教育，努力培育社会主义

---

① 习近平：《论坚持全面依法治国》，中央文献出版社 2020 年版，第 17 页。

法治文化，引导群众养成遇事找法、解决问题靠法的法治思维。二是从行为上，充分调动人民群众投身依法治国实践的积极性和主动性，做社会主义法治的忠实崇尚者、自觉遵守者、坚定捍卫者。领导干部还要带头守法，起模范引领作用。三是从制度上，要严厉惩治违法行为，坚决改变"违法成本低、守法成本高"的现象，树立法律的权威。

五、急迫任务：维护国家主权安全和发展利益

国家安全和社会稳定是改革发展的前提。只有国家安全和社会稳定，改革发展才能不断推进。当前，我国面临对外维护国家主权、安全、发展利益，对内维护政治安全和社会稳定的双重压力，各种可以预见和难以预见的风险因素明显增多。维护国家主权安全和发展利益是法治中国建设的当务之急。习近平总书记指出："国家安全工作要适应新时代新要求，一手抓当前、一手谋长远，切实做好维护政治安全、健全国家安全制度体系、完善国家安全战略和政策、强化国家安全能力建设、防控重大风险、加强法治保障、增强国家安全意识等方面工作。"[1] 建设法治中国，要坚持总体国家安全观，实施国家安全战略，完善集中统一、高效权威的国家安全领导体制，健全国家安全法治体系、战略体系、政策体系、人才体系和运行机制，完善重要领域国家安全立法、制度、政策，健全国家安全审查和监管制度，加强国家安全执法，把安全发展贯穿国家发展各领域和全过程，严密防范和严厉打击敌对势力渗透、破坏、颠覆、分裂活动，防范和化解影响我国现代化进程的各种风险，筑牢国家安全屏障。

六、常规任务：为五大建设与"一国两制"、人类命运共同体、军队建设、党的建设提供法治保障

在统筹推进伟大斗争、伟大工程、伟大事业、伟大梦想的实践中，法治

---

[1] 《习近平谈治国理政（第三卷）》，外文出版社 2020 年版，第 218 页。

具有固根本、稳预期、利长远的重要作用；在建设富强民主文明和谐美丽的社会主义现代化强国中，法治具有基础性、保障性作用；在应对重大挑战、抵御重大风险、克服重大阻力、解决重大矛盾中，法治具有"国之重器"的威力。只有高度重视法治、不断加强法治，以法治指导、规范、促进和保障经济、政治、文化、社会和生态文明建设，努力实现经济运行法治化、政治建设法治化、文化建设法治化、社会治理法治化、生态文明建设法治化，才能为实现党和国家战略目标、总体布局和历史使命提供坚实保障。

习近平总书记强调，坚持"一国两制"和推进祖国统一。要坚定不移并全面准确贯彻"一国两制""港人治港""澳人治澳"、高度自治的方针，坚持依法治港治澳，维护宪法和基本法确定的特别行政区秩序，把维护中央对特别行政区全面管治权和保障特别行政区高度自治权有机统一起来，完善特别行政区同宪法和基本法实施相关的制度和机制，确保"一国两制"行稳致远。要探索"一国两制"台湾方案，完善促进两岸交流合作、深化两岸融合发展、保障台湾同胞福祉的制度安排和政策措施，支持两岸法学法律界交流交往，运用法治方式捍卫一个中国原则、坚决反对"台独"，推进祖国和平统一进程。

习近平总书记强调，要推动全球治理变革，推动构建人类命运共同体。必须统筹国内国际两个大局，完善涉外法律和规则体系，补齐短板，积极参与国际规则制定，提高涉外工作法治化水平，推动形成公正合理的国际规则体系，坚定不移维护世界和平、促进共同发展。

习近平总书记提出，加大依法治军、从严治军力度，推动正规化建设向更高水平发展。要深入贯彻习近平强军思想，坚持党对人民军队绝对领导，围绕实现党在新时代的强军目标，加快构建完善的中国特色军事法治体系，推动治军方式根本性转变。

建设法治中国必然要求党依法执政、依规治党。国家法律是对普通公民提出的底线要求，而党规党纪则从保持党的先进性、纯洁性的高度，对党员提出了更高、更严的要求。党的各级组织和广大党员干部不仅要模范遵守国家法律，而且要严格遵守以党章为根本的党规党纪，以更高标准约束自身行为，坚定理想信念，践行党的宗旨，坚决同违法乱纪行为作斗争。

◉ 第五章 ◉

法治中国建设的推进方略

法治中国建设的推进方略科学谋划了建设中国特色社会主义法治国家的战略布局问题。要以中国特色社会主义法治理论为指导，以建设社会主义法治文化为支撑，以建设中国特色社会主义法治体系为总抓手，坚持依法治国、依法执政、依法行政共同推进，法治国家、法治政府、法治社会一体建设，条线法治、地方法治、社会法治协调发展，统筹推进国内法治和涉外法治。

一、以中国特色社会主义法治理论为指导

全面推进依法治国，法治理论是重要引领。没有正确的法治理论引领，就不可能有正确的法治实践。中国特色社会主义法治理论，本质上是中国特色社会主义理论体系在法治问题上的理论成果，体现了我们党处理法治问题的基本立场，关系到全面推进依法治国这件大事能不能办好。它是中国特色社会主义法治体系的理论指导和学理支撑，是全面推进依法治国的行动指南。法治中国建设应当以中国特色社会主义法治理论为指导。

在新发展阶段，中国特色社会主义法治理论集中体现为习近平法治思想。

习近平法治思想立足新时代中国国情和法治建设实践，运用马克思主义观点立场方法，把握法治发展规律，以崭新的内容丰富发展了中国特色社会主义法治理论，形成了具有中国特色、实践特色、时代特色的科学理论体系，是马克思主义法治理论中国化的最新理论成果。中央全面依法治国工作会议将习近平法治思想确定为全面依法治国的指导思想，必须长期坚持、不断丰富发展。坚持以习近平法治思想为指导，我们能明确前进方向、把准政治立场，能避免犯错误、走邪路、走弯路，不断加快法治中国建设步伐，早日建成法治中国。

二、以社会主义法治文化建设为重要支撑

社会主义法治文化是中国特色社会主义先进文化的重要组成部分，"浓厚的社会主义法治文化是全面依法治国的内生动力和重要支撑"。① 法律的权威源自人民的内心拥护和真诚信仰。法治中国建设离不开法治文化的培育和法治精神的养成。习近平总书记特别强调法治文化建设，他指出："全面推进依法治国需要全社会共同参与，需要全社会法治观念增强，必须在全社会弘扬社会主义法治精神，建设社会主义法治文化。"② 一是加大全民普法力度，树立宪法法律至上、法律面前人人平等的法治理念。各级党组织和全体党员要带头尊法学法守法用法，任何组织和个人都不得有超越宪法法律的特权，决不允许以言代法、以权压法、逐利违法、徇私枉法。二是研究法治宣传教育新机制新方法，让法治成为全民思维方式和行为习惯；培育全社会办事依法、遇事找法、解决问题用法、化解矛盾靠法的法治环境。三是将社会主义核心价值观融入法治建设和社会治理，完善诚信建设长效机制，加大对公德失范、诚信缺失等行为的惩处力度，形成良好的社会风尚和社会秩序。总之，必须弘扬社会主义法治精神，建设社会主义法治文化，增强全社会厉行法治的积极性和主动性，形成守法光荣、违法可耻的社会氛围，使全体人民都成为社会主义法治的忠实崇尚者、自觉遵守者、坚定捍卫者。

---

① 吕江鸿：《扎实推进社会主义法治文化建设》，载《人民日报》2018 年 8 月 9 日第 7 版。
② 习近平：《加快建设社会主义法治国家》，载《求是》2015 年第 1 期。

三、以建设中国特色社会主义法治体系为总抓手

中国特色社会主义法治体系是推进全面依法治国的总抓手。最初在党的十八届四中全会上，是将"建设中国特色社会主义法治体系，建设社会主义法治国家"作为全面依法治国的总目标总抓手一并提出的。后来，随着法治建设的加快推进，越来越强调法治体系的"总抓手"的定位。习近平总书记指出："全面推进依法治国涉及很多方面，在实际工作中必须有一个总揽全局、牵引各方的总抓手，这个总抓手就是建设中国特色社会主义法治体系。依法治国各项工作都要围绕这个总抓手来谋划、来推进。"①

习近平总书记明确了中国特色社会主义法治体系的性质、地位以及科学内涵。他指出，中国特色社会主义法治体系是中国特色社会主义制度的法律表现形式，是国家治理体系的骨干工程。要加快形成完备的法律规范体系、高效的法治实施体系、严密的法治监督体系、有力的法治保障体系，形成完善的党内法规体系。中国特色社会主义法治体系，涵括法的创制、实施、监督、保障等法治运行全过程以及管党治党领域，形成了"4+1"法治体系。

（一）完备的法律规范体系

习近平总书记高度重视完备的法律规范体系的建设，小到具体的立改废释工作要求，大到需要统筹推进的立法项目规划，习近平总书记都作了相关部署，为法治实施提供了法律依据，为全面依法治国提供基本遵循。他强调要完善以宪法为核心的中国特色社会主义法律体系，加强重点领域、新兴领域、涉外领域立法；强调要深入推进科学立法、民主立法、依法立法，提高立法质量和效率；强调立法要和改革发展同步，主动适应改革和经济社会发展需要等。此外，提出完善包括市民公约、乡规民约、行业规章、团体章程在内的社会规范体系。

（二）高效的法治实施体系

保证宪法法律实施就是保证党和人民共同意志的实现。习近平总书记强

---

① 习近平：《论坚持全面依法治国》，中央文献出版社 2020 年版，第 93 页。

调，全面贯彻实施宪法是首要任务和基础性工作。他抓住严格执法、公正司法、全面守法关键环节，以"加快建设法治政府""深化司法体制改革""狠抓法治队伍建设与抓住关键少数"为各自重点提出了一系列促进形成高效法治实施体系的重要举措。

（三）严密的法治监督体系

法治监督，是指对法律实施情况的法治化监督，核心是对公权力的制约和监督，也包括监督本身的法治化。权力不论大小，只要不受制约和监督，都可能被滥用，没有监督的权力必然导致腐败，这是一条铁律，必须抓紧完善权力运行制约和监督机制，规范立法、执法、司法机关权力行使，构建党统一领导、全面覆盖、权威高效的法治监督体系。要加强党内监督、人大监督、民主监督、行政监督、司法监督、审计监督、社会监督、舆论监督，努力形成科学有效的权力运行和监督体系，增强监督合力和实效，把权力置于严密监督之下。要深化国家监察体制改革，把增强对公权力和公职人员的监督全覆盖、有效性作为着力点，推进公权力运行法治化。要盯紧公权力运行各个环节，一方面要管住乱用滥用权力的渎职行为，另一方面要管住不用弃用权力的失职行为，整治不担当、不作为、慢作为、假作为。

（四）有力的法治保障体系

有力的法治保障对法治中国建设至关重要。切实加强和改进党对全面依法治国的领导，提高党依法执政的能力和水平，是法治建设强有力的政治保障；坚持和完善中国特色社会主义制度，是法治建设的最大的制度保障；坚持建设德才兼备的高素质法治工作队伍，是法治建设的重要人才保障；明确党政主要负责人是推进法治建设第一责任人，是推进法治建设的重要组织保证；建立科学的法治中国建设评价考核体系客观衡量法治发展水平，能为法治目标定位提供决策依据，从而保障法治的健康运行；等等。

（五）完善的党内法规体系

党内法规既是管党治党的重要依据，也是建设社会主义法治国家的有力保障。要完善党内法规制定体制机制，注重党内法规同国家法律的衔接和协调，构建以党章为根本、若干配套党内法规为支撑的党内法规制度体系。习近平总书记专门就加强党内法规制度建设作出指示，指出："以改革创新精神加快补齐党建方面的法规制度短板，力争到建党一百周年时形成比较完善的党内法规制度体系，为提高党的执政能力和领导水平、推进国家治理体系和治理能力现代化、实现中华民族伟大复兴的中国梦提供有力的制度保障。"[①]

四、坚持依法治国、依法执政、依法行政共同推进

习近平总书记多次强调，全面依法治国，必须坚持依法治国、依法执政、依法行政共同推进。这一重要论断指明了全面依法治国的整体工作思路和工作重点，提出了法治建设系统性推进的理念。依法治国、依法执政、依法行政三者是有机联系的整体。依法治国是党领导人民治理国家的基本方略，依法执政是党最基本的执政方式，依法行政是行政机关及其工作人员按照宪法和法律规定行使职权。三者行为依据一致、本质一致、目标一致、成效相关，是内在统一的有机整体，必须互相配合、共同推进、形成法治建设合力，表达了中国特色社会主义法治建设的整体观。

（一）**依法执政是依法治国的关键**

依法执政既关系到依法治国基本方略能否有效实施，又关系到依法行政能否顺利展开，是三者的中心。坚持依法执政对全面依法治国具有重大作用。一要健全依法执政的制度和工作机制，坚持党领导立法、保证执法、支持司法、带头守法，把依法治国、依法执政、依法行政统一起来，把党总揽全局、协调各方同各国家机关依法依规履行职能统一起来，把党领导人民制定和实施宪法法律同党坚持在宪法法律范围内活动统一起来。二是正确处理依法执政与依法治国的关系。从法律制度上界定执政党的领导职能、执政方式以及执政党与其他国家机关的关系，保证党实行依法领导。三是各级党组织和领导干部要切实维护宪法法律权威，捍卫宪法法律尊严，保证宪法法律实施。

（二）**依法行政是依法治国的重要组成部分**

依法行政要求各级政府必须依法全面履行职能，坚持法定职责必须为、法无授权不可为，健全依法决策机制，完善执法程序，严格执法责任，做到

[①] 习近平：《论坚持全面依法治国》，中央文献出版社 2020 年版，第 169 页。

严格规范公正文明执法。一是依法行政贯彻执行了依法治国的目标和内容。在依法行政中，行政机关作为法律实施的主要力量，通过行政立法和行政执法活动实施法律，把依法治国的各项要求转化到社会的行政管理活动中，从而实现依法治国。二是依法行政是对行政权的制约和监督。行政权具有扩张性，容易过度干预人们的社会和个人活动，行政权的行使往往关系到社会的稳定和相对人权益的实现。如果做不到依法行政，依法治国的目标也难以实现。三是依法行政要求行政机关作为守法主体带头尊法守法。依法治国要求全体公民和国家机关都要树立法律信仰，尤其是政府更要带头尊法守法，政府如果不守法，不仅影响人民群众的法律信仰，也严重损害国家公信力。

（三）依法治国、依法执政、依法行政共同推进体现了"党政同治"的理念

全面依法治国要注重系统性、整体性和协同性。坚持依法治国、依法执政、依法行政共同推进的根本要求是把党总揽全局、协调各方同政府依法履职统一起来，把依法治国基本方略同依法执政基本方式统一起来。这是"党政同治"理念的集中体现，即党与政府都在宪法法律的规范下履职履责，受宪法法律约束，也受宪法法律保护。习近平总书记指出："依法治国是我国宪法确定的治理国家的基本方略，而能不能做到依法治国，关键在于党能不能坚持依法执政，各级政府能不能依法行政。"① 依法治国是基本方略，是目的，而依法执政和依法行政是基本要求，是主要路径。"党政同治"既要增强党依法执政的意识，推进依法执政的制度化、规范化、程序化，又强调各级政府必须依法全面履行职能，做到严格规范公正文明执法。因此，依法治国、依法执政、依法行政要共同推进，相得益彰。

五、坚持法治国家、法治政府、法治社会一体建设

法治国家指整个国家公权力和私权利的法治化，法治政府指国家行政权行使的法治化，法治社会指政党和其他社会共同体行使社会公权力的法治

---

① 习近平：《论坚持全面依法治国》，中央文献出版社 2020 年版，第 113 页。

化。① 习近平总书记将三者的关系总结为："法治国家、法治政府、法治社会三者各有侧重、相辅相成，法治国家是法治建设的目标，法治政府是建设法治国家的主体，法治社会是构筑法治国家的基础。"② 《法治政府建设实施纲要（2015—2020 年）》《法治社会建设实施纲要（2020—2025 年）》《法治中国建设规划（2020—2025 年）》已陆续制定出台，为法治国家、法治政府、法治社会一体建设作出了整体部署。

（一）法治政府建设是法治国家建设的重点任务和主体工程

习近平总书记对法治政府建设特别重视，认为法治政府建设应该率先取得突破，起到示范带动作用，政府要善于运用制度和法律治理国家。他在多个会议中对法治政府建设问题作了专门论述，政府的法治化程度决定着法治国家的质量和进程情况，十八大以来的党中央会议对法治政府建设问题非常重视。党的十八大提出，到 2020 年，法治政府要基本建成。党的十八届三中全会提出，建设法治中国必须坚持法治国家、法治政府、法治社会一体建设。党的十八届四中全会提出，加快建设职能科学、权责法定、执法严明、公开公正、廉洁高效、守法诚信的法治政府的六项核心指标。党的十八届五中全会提出，依法设定权力、行使权力、制约权力、监督权力，依法调控和治理经济，推行综合执法，实现政府活动全面纳入法治轨道。为贯彻落实党的十八届三中全会、四中全会、五中全会精神，根据习近平法治国家、法治政府、法治社会一体建设法治思想，中共中央和国务院 2015 年发布了《法治政府建设实施纲要》，为如期实现法治政府建设目标作出了具体任务安排。

（二）法治社会建设是法治国家建设的长期任务和基础工程

法治社会要求法治成为社会生活健康运行的重要条件，把社会的公共服务活动纳入法治化轨道，形成政社分开、权责明确、依法自治的现代社会组织体制。一要形成一个信仰法治、依法治理的社会环境，这是法治社会建设的重要前提。习近平总书记强调："全面推进依法治国需要全社会共同参与，需要全社会法治观念增强，必须在全社会弘扬社会主义法治精神，建设社会

---

① 姜明安：《论法治国家、法治政府、法治社会建设的相互关系》，载《法学杂志》2013 年第 6 期。

② 习近平：《加强党对全面依法治国的领导》，载《求是》2019 年第 4 期。

主义法治文化。"①坚持把全民普法和守法作为依法治国的基础性工作，将法治教育纳入国民教育体系，增强全社会法治观念。二要积极调动党的基层组织、国家基层政权组织和各类社会组织参与法治社会建设。健全党和政府依法化解纠纷机制，充分提高各类社会主体依法自治能力，发挥社会自治规范等软法在社会治理中的作用，形成"党委领导、政府负责、社会协同、公众参与、法治保障"的新格局。②

（三）法治国家、法治政府、法治社会一体建设体现了"官民同治"的理念

党的十九大将 2035 年基本建成法治国家、法治政府、法治社会明确为国家法治发展的中期战略，并对法治国家、法治政府、法治社会在一体建设的关系基础上又增加了相互促进，突出了三者间的协同性、相互联动性和动态实施性。三者作为全面依法治国的阶段发展目标，是有机联系的整体，本质上体现了"官民同治"的理念，具体表现在：一是法治政府建设、法治社会建设都是法治国家建设的组成部分。法治国家建设必然体现为政府层面的法治政府建设和社会层面的法治社会建设的一体化效果。二是全面依法治国需要全社会共同参与，需要政府和社会的积极配合，需要全社会法治观念增强，在全社会弘扬社会主义法治精神，建设社会主义法治文化。三是政府和社会都负有加快建设中国特色社会主义法治体系的任务。坚持法治国家、法治政府、法治社会一体建设，要不断完善法律规范、法治实施、法治监督、法治保障和党内法规体系。四是政府和社会都具有维护社会公平正义的义务。坚持法治国家、法治政府、法治社会一体建设，要为解放和增强社会活力、促进社会公平正义、维护社会和谐稳定、确保党和国家长治久安发挥作用。五是正确处理政府与社会的关系。政府与社会在一定意义上反映了秩序与活力的关系。处理好秩序与活力的关系，要讲究辩证法，既要社会生机勃勃又要井然有序，既充分发挥市场在资源配置中的决定性作用，又更好发挥政府作用，使整个国家兼具秩序与活力，实现秩序与活力的良性互动。

---

① 习近平：《加快建设社会主义法治国家》，载《求是》2015 年第 1 期。

② 习近平：《决胜全面建成小康社会夺取新时代中国特色社会主义伟大胜利》，载《人民日报》2017 年 10 月 28 日第 1 版。

六、坚持条线法治、地方法治、社会法治协调发展

条线法治又称为部门法治，是基于中央政府直属部委自上而下的领导或监督关系而实施的法治建设。地方法治是指地方政府全权负责某一行政区域的法治建设，如依法治省、依法治市、依法治县等。社会法治指国家正式法制之外的市民公约、乡规民约、行业规章等多种形式的社会规范及其社会治理活动，是社会自治的范畴。三者之间是功能互补、协调发展的关系。如果说其他全面依法治国的工作布局是从横向空间角度分析的，那么条线法治、地方法治和社会法治则是以立体的和纵向空间角度去思考全面依法治国工作布局的。

（一）条线法治与地方法治是国家法治的重要组成部分

我国政府的组织架构是条块并存，条线法治与地方法治相互交织也就反映了这种体制架构下的法治模式，它们都是国家法治的重要成分。一是条线法治建设强调顶层设计和专业性。如习近平总书记提出：司法管理体制改革要"探索建立与行政区划适当分离的司法管辖制度"。[①] 保证国家法律统一正确实施。综合执法改革要"合理配置执法力量，着力解决多头多层重复执法问题"。[②] 此外，他还对军事、环境和互联网等领域的条线法治问题进行了论述。二是地方法治建设强调贯彻落实和主动创新性。地方法治在国家法治建设中的角色是依法治国方略的落实者和国家宪法法律的实施者。对此，习近平总书记指出："地方人大及其常委会要依法保证宪法法律、行政法规和上级人大及其常委会决议在本行政区域内得到遵守和执行。"[③] 地方法治还是各种规则制度的主要创新者，比如农村土地承包经营制度、国有土地有偿使用制度等，都来源于地方的改革创新实践。条线法治与地方法治都属于以宪法为核心的国家统一法律制度体系的重要组成部分。

---

① 习近平：《论坚持全面依法治国》，中央文献出版社 2020 年版，第 33 页。
② 习近平：《论坚持全面依法治国》，中央文献出版社 2020 年版，第 220~221 页。
③ 习近平：《论坚持全面依法治国》，中央文献出版社 2020 年版，第 75 页。

（二）社会法治是国家法治的重要补充

社会法治在规范层面可以称为社会软法规范。社会软法规范对于其效力范围内的组织和个人具有重要的规范、指引和约束作用，也是公共事务治理的重要法律依据。在社会软法体系中，行业法治和基层法治比较典型，它们都是社会自治的重要规范，是国家法治的有益补充。一要深入推进行业法治。紧密结合行业特点，积极探索富有行业特色的依法治理活动，提高行业法治专业化水平。二要深入推进基层法治。习近平总书记指出基层法治要结合"枫桥经验"，加快形成共建共治共享的现代基层社会治理新格局，并提出了培育法治意识，解决法律法规与乡规民约的冲突与协调，完善基层群众自治组织建设，整合基层司法力量，引导群众运用法治方式解决问题等举措，明确了基层法治建设的前进方向。特别是在全面推进乡村振兴的背景下，习近平总书记强调："要加强和改进乡村治理，加快构建党组织领导的乡村治理体系，深入推进平安乡村建设，创新乡村治理方式，提高乡村善治水平。"[①]加强基层法治对建设平安乡村、加快农业农村现代化都具有积极的保障和促进作用。

（三）条线法治、地方法治、社会法治体现了"多元共治"的理念

我国是单一制社会主义国家，维护国家法制统一、尊严、权威是根本原则。但我国地域辽阔、各地区各民族经济社会发展不平衡，法治建设任务差异较大，应在确保法制一体化的同时允许地方在宪法法律范围内拥有地方立法权和自治管理权，特别是在基层积极探索"多元共治"的法治模式。一方面国家法治必须对条线法治、地方法治、社会法治具有统领性和权威性，另一方面又应为地方法治和社会法治留有充分的创新空间。推进三者协调发展要做到：

一是坚持党的领导。党的领导是条线法治、地方法治、社会法治有机统一、协调发展的根本保证。习近平总书记指出："各级党委要健全党领导依法治国的制度和工作机制，履行对本地区本部门法治工作的领导责任。"[②]党对法

---

① 习近平：《坚持把解决好"三农"问题作为全党工作重中之重促进农业高质高效乡村宜居宜业农民富裕富足》，载《人民日报》2020年12月30日第1版。

② 习近平：《论坚持全面依法治国》，中央文献出版社2020年版，第118页。

治工作的领导主要是政治领导、思想领导和组织领导，坚持党的领导可以及时发现和解决法治工作中的突出问题，及时统筹协调条线、地方及社会法治之间的矛盾冲突，指导和推动各项法治工作的顺利开展。二是抓住工作重点。条线法治与地方法治协调发展是工作重点。随着跨专业领域和跨行政区域的法治问题越来越多，探索地方政府间、部门间、部门与地方政府间的协同治理得到重视，构建综合法治保障体系日益重要。如习近平总书记提出要"探索设立跨行政区划的人民法院和人民检察院"，①"探索实行跨领域跨部门综合执法"②，等等。三是鼓励创新治理模式。坚持自治、法治、德治有机结合是社会法治的新格局。在国家宪法法律范围内充分发挥自治的民主功能、正当性价值，法治的强制性功能、外部保障性价值，德治的引导功能、内部约束性价值，从而更好实现良法善治，形成多元共治的社会治理新格局。

七、坚持统筹推进国内法治和涉外法治

坚持统筹推进国内法治和涉外法治，是我国新时代正确处理国内外法治关系的指导思想，也是党治国理政的重要方面。习近平总书记提出："要加快涉外法治工作战略布局，协调推进国内治理和国际治理，更好维护国家主权、安全、发展利益。"③这明确了我国涉外法治建设的政治立场和发展战略。坚持统筹推进国内法治和涉外法治，是面对日益复杂多变国际环境的战略选择，也是建设法治中国的必然要求。在当前世界百年未有之大变局时代，为维护国家主权、安全、发展利益，我国必须坚持统筹推进国内法治和涉外法治，使两者相互促进、相得益彰，积极参与国际事务，加强国际法治合作，推动全球治理体系变革，构建人类命运共同体。

（一）"一国两制"是国内法治的创举

港澳法治是统筹推进国内法治和涉外法治不可忽视的重要部分。党的十

---

① 习近平：《论坚持全面依法治国》，中央文献出版社 2020 年版，第 100 页。

② 习近平：《中共中央关于坚持和完善中国特色社会主义制度推进国家治理体系和治理能力现代化若干重大问题的决定》，载《人民日报》2019 年 11 月 6 日第 1 版。

③ 习近平：《习近平在中央全面依法治国工作会议上强调坚定不移走中国特色社会主义法治道路为全面建设社会主义现代化国家提供有力法治保障》，载《人民日报》2020 年 11 月 18 日第 1 版。

八大以来，以习近平同志为核心的党中央在港澳工作领域，严格依照宪法和基本法精神治港治澳，运用法治思维和法治方式处理港澳事务，坚持在法治轨道上把"一国两制"事业向前推进。一是明确"一国"是"两制"的前提。习近平总书记指出："基本法是根据宪法制定的基本法律，规定了在香港特别行政区实行的制度和政策，是'一国两制'方针的法律化、制度化，为'一国两制'在香港特别行政区的实践提供了法律保障。"二是强调"两制"是一国的派生。在"一国"的框架内，要求必须全面准确贯彻"一国两制""港人治港""澳人治澳"、高度自治的方针，特区政府要严格依照宪法和基本法办事，完善与基本法实施相关的制度和机制。三是坚持"一国"原则与尊重"两制"差异相结合。在"一国两制"实践中，做到坚守"一国"之本，实现"两制"和谐共处。为了保持香港特别行政区的繁荣和稳定，全国人大常委会适时颁布《中华人民共和国香港特别行政区维护国家安全法》并作出一系列决定，进一步加大了港澳法治的力度，充分体现了中央维护国家安全的坚强意志和坚定决心，充分体现了中央对香港发展和香港同胞根本福祉的最大关切。

（二）奉行法治是国际交往的基本规则

改革开放以来，中国与世界关系紧密，相互依靠和影响不断加深。习近平总书记指出："我们观察和规划改革发展，必须统筹考虑和综合运用国际国内两个市场、国际国内两种资源、国际国内两类规则。"[①] 但涉外法治是短板，难以满足国际合作需要。针对涉外法治工作，他提出了四项战略举措弥补短板：一是健全涉外经贸法律规定。要以高质量立法保障和促进经济持续健康发展。比如，早期制定的吸引和利用外资方面的立法难以适应新时代构建开放型经济新体制的需要，亟待制定统一的外资基础性法律。二是要加快构建海外安全保护体系，保障我国在海外的机构、人员合法权益。三是提高法治斗争能力。要强化法治思维，运用法治方式，应对挑战，防范风险，综合利用立法、执法、司法等手段开展斗争，坚决维护国家主权、尊严和核心利益。四是积极开展执法司法国际合作。

---

① 《中央外事工作会议在京举行》，载《人民日报》2014 年 11 月 30 日第 1 版。

（三）统筹国内法治和国际法治体现了"人类命运共同体"的理念

统筹两个大局的核心是积极参与全球治理对话，参加国际公共事务商讨，善于用法治话语表达中国观点。一是提出构建人类命运共同体重大战略主张，弘扬共商共建共享的全球治理理念，为推动完善全球治理、建设更加美好的世界指明了方向，成为中国引领时代潮流和人类文明进步方向的鲜明旗帜。习近平总书记强调："我们要乘势而上、顺势而为，坚定维护以联合国宪章宗旨和原则为核心的国际秩序和国际体系，为全球治理体系改革和建设贡献中国智慧和中国方案。"[①] 二是中国以负责任大国参与国际事务，必须善于运用法治，积极参与国际规则制定，做全球治理变革进程的参与者、推动者、引领者。各国要加强交流合作，构建公正、合理、透明的国际经贸规则体系，推动共建"一带一路"高质量发展，更好造福各国人民。三是提升国际法治话语权，《中共中央关于全面推进依法治国若干重大问题的决定》已将该项要求作为中国法治化进程推进涉外法治建设的指导原则。提升国际法治话语权可以使世界更多地认识中国、了解中国、认同中国，树立法治中国的良好形象。

---

① 习近平：《论坚持全面依法治国》，中央文献出版社 2020 年版，第 276 页。

◎ 第六章 ◎

法治中国建设的若干重大选择

    党的十八届三中全会通过的《中共中央关于全面深化改革若干重大问题的决定》提出了"法治中国"这一概念，并将"推进法治中国建设"确定为全面推进依法治国的目标。"法治中国"已经成为我国法治建设实践与理论研究中表达法治愿景、凝聚法治共识的统领性、基础性概念。[1]然而，要将"法治中国"目标变为现实，仍需就法治中国建设的若干方面研讨具体方案，在统一思想的基础上谋划未来，统一行动。因此，本文对法治中国建设中还存在争议的问题作一些探讨，以期促进共识的形成，为研讨建设法治中国的实际举措打下基础。

一、法治中国本体论：形式法治还是实质法治

    关于法治的含义，形式法治与实质法治之争一直都是中心议题。[2]形式法

---

[1]　参见张文显：《法治中国建设的前沿问题》，载《中共中央党校学报》2014 年第 5 期。

[2]　参见何勤华等：《法治的追求——理念、路径和模式的比较》，北京大学出版社 2005 年版，第 93~94 页。

治论认为法治与法律的实质内容没有必然的联系，遵守现行有效的法律就是法治，即便不是良法也必须得到执行。而实质法治论认为法治应是"良法的统治"，要求法律必须取向于民主、自由、人权、平等等实体价值。形式法治论强调了对法律的绝对遵守，而实质法治论更加注重法本身的实质内容，突出法的目的性价值。

法治中国建设应当以形式法治还是实质法治为目标，学术界和实务界都有不同看法。有观点认为还是要选择形式法治的道路，至少当下要以形式法治作为主要目标，理由是中国有几千年的封建传统，法治的地位不高，目前的主要问题是有法不依、执法不严、违法不究，如果不经历形式法治建设这个阶段，没有一个长时期的形式法治历练，法治是很难实现的。而形式法治追求的最大要求就是严格依法办事，哪怕是错的也必须依法办事，这对我国目前存在的问题具有针对性。但我们认为实现正义在某种意义上说比实现法律规范更重要，实现立法目的比盲从法条更重要，"现代法治的核心要义是良法善治"，[①] 法治建设应当以实质法治为目标。

（一）法治发展的历史阶段决定应当以实质法治为目标

形式法治和实质法治是人类历史发展中的不同阶段，人类关于法的问题经历了"以法治国"到"依法治国"，再到"法治国家"三个阶段。第一个阶段是"以法治国"，无论东方还是西方，在奴隶社会，甚至更早的社会，或多或少都有法，但只是把法律作为治国的工具，当法律与统治者的意志发生矛盾时，则以统治者的意志为准。第二个阶段是依法治国，即依据法律来治理国家，强调只要有以法律形式存在的在先规则，统治权力就必须遵守，也即形式法治。大体说来，形式法治是伴随着资产阶级通过议会约束国王的权力而产生的。第三个阶段是法治国家，法治不再只要求形式上守法，还要求法律本身有利于实现正义和人的目的性，也即实质法治。这是在第二次世界大战后人类自我反思的成果。可见，三个阶段是法律地位不断提高、法治内涵不断完善的历史过程，是从形式法治向实质法治发展的过程。因此，实质法治是法治历史进程的更高阶段，我国的法治建设应当以实质法治为目标。

---

① 张文显：《法治与国家治理现代化》，载《中国法学》2014 年第 4 期。

（二）我国法治化程度决定应当以实质法治为目标

形式法治功能的发挥以立法的成熟与高质量为前提，当立法还不尽成熟、立法体系不尽完善的时候强调形式法治，则会产生依法守法的结果是社会正义与社会效果出现冲突的问题。这样的法治不仅很难树立权威，反而会摧毁人们对法律的信任。要想树立依法办事的理念，不是一个简单地要求依法办事就能做到的，而是要从法律规范中有一种获得感，让人觉得这个法律规范能够带给他自由、安全和福祉，人们才会真正从内心信仰。正是在这个意义上，法律实施不能只依赖于严格依法办事，只依赖于强制，而是在于法律要符合正义性和人的目的性，只有这样的法治才能给人带来真正的获得感，这才是最重要的，这个意义上的法治恰恰是实质法治。另外，立法不完善导致的法律规定过于抽象和原则，会给有些执法人员或司法人员滥用裁量权留下巨大的空间，加剧法律实施与社会正义和社会效果之间的冲突。因此，只有以实质法治为目标，才能在立法中追求制定良善之法，在司法中鼓励填补法律漏洞，在执法中综合考虑社会效果，实现法治建设与社会发展的良性互动。

（三）建设实质法治应当与形式法治相统一

主张形式法治的观点总是认为实质法治会增加法律的不确定性，最终走向否定法治。但实质法治仍然是法治，它以形式法治为基础，是超越形式法治的一种法治。实质法治并不是说不要法律规范，而是说要依照那些管用的、符合正义的、合理的规则来办事，依照优良的规则来办事，这是实质法治的真正内涵。西方法治发达国家大多经历了从形式法治到实质法治的发展路径。中国作为一个法治后发国家，面临着是先形式法治后实质法治，还是直接进行实质法治建设的选择问题。我们认为，中国是一个后起的法治国家，如果还坚持从形式法治慢慢走向实质法治，那么我们就永远只能在后面走别人走过的路，永远无法超越别人。实施实质法治恰恰是我们在法治建设上的一个弯道超越的机遇，因此我们还是倾向于走实质法治的道路。历史经验告诉我们，不是什么样的法都能治国，不是什么样的法都能治好国。良法善治不是简单地强调依法办事，而是要把良法作为前提。

二、法治中国价值论：自由与平等如何兼顾

法治本体论回答"什么是法治、要什么样的法治"问题，而法治价值论则对"为什么要法治、法治追求的是什么"作出回应。法治建设从价值取向上划分有两大派别，一种是把自由的价值看得更为优先，一种是把平等看得更为重要。在西方，不同党派最根本的分野事实上在于更多地强调自由还是更多地强调平等。从马克思主义的阶级分析方法来看，富人更为关注自由，穷人更关注平等，富人有能力有资本肯定在竞争中处于优势，自由竞争会给他们带来更多的好处，照顾弱势群体则会给富人带来更多的税负和成本，但对于穷人来说更多倾向于平等。英国工党更多地重视平等，而保守党更多地重视自由；美国的共和党更重视自由，而民主党的更重视平等。那么我们建设法治中国要如何选择呢？我们认为两种价值都是法治追求的基本价值，但是这两种价值是有区别的，强调自由的人认为把蛋糕做大了每个人就分得更多，强调平等的则要先平等地分这个蛋糕，两种观点都有自己的哲学基础和理论根据。但中国要建设的是中国特色社会主义法治，我们认为还是平等价值应当优先。

（一）平等优先是中国特色社会主义法治的重要内容

我国《宪法》明确规定，公民在法律面前一律平等，任何组织或者个人都不得有超越宪法和法律的特权。"平等""公正"是党的十八大报告确定的社会主义核心价值观的内容。党的十八大报告还把"坚持维护社会公平正义"作为在新的历史条件下夺取中国特色社会主义新胜利所必须把握的基本要求和共同信念之一。党的十八届三中全会决定在阐述改革指导思想时提出"以促进社会公平正义、增进人民福祉为出发点和落脚点"，在阐述改革目标时提出，让发展成果"更公平"地惠及全体人民，则直接涉及平等权保障。党的十八届四中全会通过的《中共中央关于全面推进依法治国若干重大问题的决定》指出："平等是社会主义法律的基本属性。""公正是法治的生命线。"

（二）平等优先、兼顾自由符合我国国情

从我国的内部环境来看，发展不平衡不充分问题依然突出，所以从我国

现实情况来看还是要更多地强调平等价值。但是，平等价值一定要和自由价值之间保持一种张力，过分强调平等可能造成掉入福利社会的陷阱，使社会发展缺乏活力，会对我们的发展造成负面影响。另外，从我国所处的外部环境来看，当今世界国与国之间的竞争激烈，过分强调平等就会失去竞争力，就会失去社会发展的外部动力。

因此，在自由价值和平等价值之间做好平衡很难，是法治价值论的一个中心议题，是法学家真正要去研究和解决的问题和难点，既保持社会稳定又保持社会活力，既让社会竞争向上又保障公民的基本生活权益，这是社会主义法治建设需要进一步去具体解决的重大课题，需要我们对保障市场主体平等、反对地方保护和部门保护、税负公平、城乡基本公共服务均等化、促进农民与市民平等、就业平等与促进劳动权利、促进受教育权利、促进社会保障、保护特殊群体权利等一系列问题展开深入细致的研究。

三、法治中国文化论：法治建设向西看还是向东看

法治建设向西看还是向东看，争论的是法治建设中的法律移植和法治本土资源的关系问题。这个问题在学术界得到了广泛的讨论，有的观点认为，搞法治建设首先是向西看，学习西方，法治本身是舶来品，来源于西方，西方才是我们借鉴和学习的对象，我国近现代法治进程实际上也是向西方学习的过程，甚至有极端的观点主张全盘西化，认为不全盘西化，只是部分地学习解决不了根本问题。但是有一部分人不主张向西看，而要向东方看，从本土的文化中吸取营养，甚至是向过去看，主张通过古代的中华法系来建设法治。这些不同的主张，可能有其合理的一面，并且都是希望能建立高水平的法治。但我们认为不管是向东看还是向西看，都要有理性的态度，理性的态度就是要有辩证的视角。

（一）法治中国建设要对症下药

在法治中国概念范畴内，法治话语和法治理论所要回应的是当代中国的法治问题。当前我国的法治建设，既要面对人类法治进程中共通的问题，也有中国的特殊方面。我们既需要从西方形式法治与实质法治的历史选择中得

到镜鉴，也要在中国传统"礼法合治，德主刑辅"的法律文化中汲取养分。中医中药能治好病，就用中药；西医能治好病的用西药。判断究竟应当学习西方还是东方的关键标准是要对症，要根据具体的问题具体判断，不能一概而论。

（二）法治中国建设要有整体观

法治建设是要解决中国自己的问题，但是任何问题的解决不能采取头痛医头、脚痛医脚的西医思维，而是要有中医的系统思维，要有整体观、辩证观。中医讲平衡，法治本身也要讲平衡，如果仅仅是问题导向，一个问题解决了别的问题又冒出来了，可能会走回头路，会增加法治建设的社会成本。例如，法治就是要改变以人情为核心的人治社会，改变主要用权力命令、长官意志治理社会、管理国家的人治模式。但这种变迁不能是对社会伦理人情的彻底否定与破坏，否则就会造成对中国社会联结纽带的破坏，对社会的秩序和稳定造成不良影响。① 所以建设法治社会不是先考虑学习什么，而是先要考虑我们自身的问题，把病根病灶找准确，不仅仅用西医思维，更要用中医思维分析毛病，解剖病灶。

（三）法治中国建设要有反向制度意识的理念

整体的法治观要求在建设一个制度的时候不仅要看到可能带来的好处、优势，而且更应该认真分析弊端，可能带来的毛病与负面效应、副作用。在建立某个制度的时候，同时要建立配套制度以防止负面作用的发生，这个制度才有可能取得好的效果。任何制度都有可能带来不好的一面，问题就是要自觉能动地预防不好一面的发生。这同样与中医思维相同，在治病时兼顾用药的副作用，采用其他药材对副作用予以中和、协调，否则这个病好了那个病出来了，甚至比这个病更严重，那就得不偿失了。

（四）法律移植要考虑某个制度的生存环境与生存土壤

法律移植时，一定要考虑配套的制度群。任何制度都不是孤立的，是有其他相关制度支撑的，如果仅仅是孤立地借鉴一个制度，相关制度不借鉴，是不能成活、不能取得成功的。移大树必须要把土一起挖走才能成活，法律

---

① 参见江必新、王红霞：《法治社会建设论纲》，载《中国社会科学》2014年第1期。

移植也是同样的道理。移植过来的制度适应我国制度环境的才能用，不适合的不能用。

四、法治中国方法论

法治中国方法论考量如何实现法治的问题。在谋划法治中国建设的具体路径时，要考虑"如何不走错路"与"如何弯道超车"两个方面的问题。法治中国的建设必须以我国的实际为基础，从社会主义初级阶段和法治初级阶段这个基本国情出发找准法治中国建设的问题与困难，选择正确的法治建设方法。同时，法治中国建设要有五个自信，要努力对法治问题给出中国答案，善于利用后发优势实现弯道超车。基于这两个方面的考虑，笔者认为法治中国建设存在如下一些方法论选择问题：

（一）公私分立还是公私融合

公私法二分是我国和其他大陆法系国家共通的法治基本架构。"公法和私法的区别，实可称为现代国法的基本原则。国法的一切规定，无不属于公法或私法之一方，且因所属而不同其意义。"[1] 在区分公法与私法的理论中，我国理论界基于私权保护不完善的现实，衍生出了公法至上还是私法至上的问题。私法学界多持私法至上的立场，认为私法优先于公法有利于私权的保护，进而认为建设法治国家应该是私法至上；但是公法学界认为应当更加注重公法的地位，从而产生了公法与私法何者优先的论争。这一论争在当前行政机关签订的一些协议应纳入公法的范围调整还是用私法的规则进行调整的争论中显得尤为突出，实务界和理论界都有不同看法，特别是土地、矿产等的出让与转让合同应属公法还是私法，是适用民事诉讼还是适用行政诉讼解决纠纷，处理这些纠纷是适用公法规则还是仍然适用私法规则，都有争议。持私法至上观点的论者往往把上述争议一概认为应当属于民事法律领域，这种传统观点虽然对于强调私权保护具有一定的理论价值和历史作用，但其背后潜藏的公私分立的立场我们并不赞同。我们认为，法治建设应当以

---

[1] ［日］美浓部达吉：《公法与私法》，黄冯明译，北京中国政法大学出版社2003年版，第3页。

公私融合为目标。

1. 公私法目的相契合决定了可以以公私融合为目标

应当看到保护私权同样是现代公法的重要目的。公法不仅通过实体法、程序法、救济法中的具体条款直接保护私权，相对于私法，公法不仅保护诸如竞争者、纳税人以及其他利害关系人等更为广泛的私权，还通过保护公共利益，为公民实现私权创造必要的社会条件，为公民提供稳定的治安秩序、活跃的市场环境、优良的自然条件、全面的社会保障等反射利益，也就是说，公法在微观和宏观两个层面统筹私权保护。因此，公私法的协调与融合，相较于公私分立，更有利于通过法律平衡个人利益与公共利益，最终使个人利益受益，使私权保障的价值诉求在更宏观和更科学的层面得以彰显与实现。

2. 公法日益完善以使公私法融合成为可能

现代公法已经发生了很大变化：第一，现代公法建立了以保障人权为根本归属的价值体系，比例原则、信赖利益保护原则等公法特有的基本原则，都是以保障人权为根本的价值基点。第二，现代公法建立了周延完备的概念体系，行政行为、行政主体、行政裁量等概念工具，使公法有着明确的调整范围和有针对性的法律效果。第三，现代公法建立了类型化的程序规范，针对不同的行政活动配置不同的程序保障与程序约束，既有利于行政效率，又有利于权利保护和公平正义。第四，现代公法建立了有效的救济途径，保证了公法的约束力得以有效实施。公法的这些变化使得公法有能力有效调整其规范对象，能够在调整对象涉及公私融合的问题时，发挥公法特有的规制功能。

3. 公法的特有功能决定了应当以公私融合为目标

首先，现代公法保护更多更大范围的个人权利，不仅仅保护合同订立双方的权利，而且要保护相关竞争者的权利，不仅仅保护合同约定的权利，还要保护受合同影响的其他权利。比如在国有土地使用权出让中，从私法的角度来说是保护出让方与受让方的权利，但公法还要考虑到竞争者的权利，没有得到土地使用权的人的权利是否受到侵犯，保护的范围更宽。而且不仅仅保护竞争者的权利，还保护所有纳税人的权利，例如如果不对地价进行监督约束，地价过低受损害的是全体国民的权益，这一属于私法自治范畴的事项是不被公法所许可的。为了确保更宏观意义上的正义与公平，公法要将更大范围的权利纳入其考量的视野，从这个意义上说，现代公法不仅不排斥个人利益的保护，反而是在更大范围上保护更多相关主体的权利，是对私法仅将目光停留在交易双方之局限的补足与完善。其次，公法通过监督公权力来保障私权。私法并不具备监督公权力的功能，而公法除了保护个人权利外还以监督公权力为基本功能。对私权的有一部分侵害来自公权力，这一部分侵害不属于私法的调整范围，而公法则可以通过撤销行政机关的决定或宣布它的决定违法或无效来保护个人权利，公法的这一功能是不可替代的。最后，公共行政的私法化发展需要公法监督。当前公共行政日益采用私法的组织形式和行为方式，政府采取成立公司、签订协议的方式来履行公共职责的现象日益凸显，而这些现象在我国社会主义市场经济体制下更好发挥政府作用的背景中表现得更为明显。如果法律对这些现象的调整只看到了其形式上的私法特征，而忽视了其履行公共职责、处分公共资源的本质，在制度设计上一味强调意思自治，而不规定公法约束，反而会造成个人权利与公共利益的损害。综合这些理由，我们认为建设法治中国、保护个人权利，不仅要有完善的私法体系，更要有强有力的公法体系。

4. 推进实现公法与私法的融合

在立法上对通过私法约束还是公法约束进行选择时，要兼顾调整对象的形式与本质，对以私法为形式，但涉及公法内容的调整对象，要综合运用私法与公法的调整手段，使其既能利用私法形式，又要受到公法约束；在司法上对通过私法救济还是公法救济进行选择时，要兼顾诉讼标的的法律性质与不同救济途径的保护效果，当对私法性质的诉讼标的采用公法救济更有利于权利保护时，应当选择公法救济途径，而对公法性质的诉讼标的采用私法救济更有利于权利保护时，则应当选择私法救济途径，即应当以实际的保护效果作为救济途径的最终判断标准；在行政执法上应当允许行政机关采用私法手段履行公共职能，同时也要监督行政机关采用私法手段履行公共职能，通过行政私法化的实践，不断探索公法与私法融合的契合点与公约数，推进法治中国的进一步创新与完善。

（二）法治模式一元化还是类型化

中华文化中有崇尚一元的传统，"一"也成为中国内涵最丰富的文化理念，中国人心中都有一个大一统的根本价值追求，认为大一统就比较安定比较和谐，这个观念在多数国人心中是根深蒂固的。受此影响，我国的法治建设存在过度强调模式统一的问题。法治建设当然需要追求统一，但如果过分强调统一通常会导致一刀切，就会走极端，这是对中华文化中崇尚一元的片面理解。《尚书》讲"惟齐非齐"，即是说要实现整齐划一，反而要通过非整齐划一的办法来实现，这是对中华文化中"一"的更深刻理解。用"惟齐非齐"的智慧来看待法治建设，法治达到高度统一反而要进行科学的类型化，在类型化的基础上来实现法治的统一，才能实现相同情况相同对待，不同情况不同对待，才能实现因地制宜。因此，我们认为法治的统一一定是多样化基础上的统一，合理的类型化基础上的统一，不要搞一刀切，不要搞一个模式。

1. 地域差异决定法治需要类型化

"一国两制"的实践，就是我国法治模式类型化的典范，香港特别行政区与澳门特别行政区的法律制度与祖国内地不同，并且澳门特别行政区是大陆法系，香港特别行政区是英美法系，彼此之间也不同，这就是一种类型化，不同的地域采取不同的政策。过分强调统一，反而逆反了立法的积极性。像中国这样多民族国家，地域辽阔，地形地貌气候有很大差别，完全的一刀切不是好事，孟德斯鸠早在《论法的精神》中就把一个国家的国体和一个国家的地理条件气候对应起来，揭示了不同地域需要制定不同类型的法律制度。从新中国的法治发展历史来看，我们也逐步认识到一刀切的弊端，认识到因地制宜，采取多种模式的必要性。

2. 立法领域差异决定法治需要类型化

不同立法领域法律制度完善程度不同，是重新架构还是改良前法；不同立法领域价值目标不同，社会主义市场经济法律制度为了激发市场活力，必然与为了约束行政权的行政程序制度立法类型不同。不同的立法类型，是政府管制多一些还是少一些，是事前监管多一些还是事后监督多一些，是实体约束多一些还是程序约束多一些，都必然不同，不可能采取统一的法治模式。

3. 法律部门内部仍需进一步类型化

类型化是法学研究的基本方法，也是立法科学的基本技术。只有在科学的类型化基础上，一个法律部门的法律制度才能细致深入地合理规范不同的调整对象。以《行政诉讼法》为例，不能对不同类型的诉讼请求都适用同样的诉讼制度，只有根据不同的诉讼请求将诉讼进一步分类为撤销之诉、给付之诉、确认之诉，才能为不同的诉讼类型配置不同的诉讼程序、证明制度、胜诉条件和判决方式，才能更充分发挥行政诉讼的制度功能，更有效实现行政诉讼保护相对人合法权益的制度目的。

（三）立法权集中还是适度放开

一个国家的法律体系协调统一，是判断一国法治化程度的重要指标。如何实现法治的协调统一，是法治建设的重要课题：是通过紧缩立法权或者高度集中立法权来实现，还是通过适度放开立法权和强化监督来实现，是我们在法治建设中必须要作出的选择。

1. 立法权集中模式的缺陷决定需要适度放开立法权

首先，立法权集中导致制度供给不足。我国传统的立法模式认为，只有立法权集中在最高立法机关才能保证法治的统一，但是这一传统模式使得法律供给不足的问题日益突出，经济社会发展对法律制度的巨大需求与最高立法机关会期有限之间存在较大的矛盾，传统模式不能适应社会国家对法律规范的需求。其次，立法权集中导致法律过度抽象。立法权集中必然导致法律适用的地域与领域范围最大化，要想扩大法律规范的适用范围，其结果就是法律规范的抽象化程度不断提高，法律的明确性不断降低，法律的可预见性不断降低，法律的可操作性受到影响。再次，立法权集中导致立法脱离实际。立法权越集中，立法越抽象，越高高在上，只能对一般情况进行调整，没有办法尽量针对不同情况作出不同规定，没有办法根据不同地域的差别作出不同规定，进而可能导致立法时重视归纳抽象一般问题，忽视各地区各领域的特殊情况，不能有针对性地立法，不能作出能够真正解决问题的立法。因此，我们认为立法权应当适度放开，在横向上向行政与司法转移，在纵向上逐步向地方转移，这种转移也是世界各国立法体制变革的大趋势，反映出了立法供给结构改革的正确方向。

2. 立法权的适度放开需要配套事后审查机制

立法权的适度放开所必然带来法律规定不一致的问题、相互冲突的问题，这是十分正常的。但我们认为不能因噎废食，我们需要做的是为立法权的适度放开配置更为完善的事后审查机制，通过事后审查既提高立法效率，又保障立法质量和法治统一。结合我国现阶段的国情，我们建议在全国人民代表大会下设一个与全国人大常委会平行的宪法委员会专司违宪审查职责，强化违宪审查层面的监督，通过制度化、常规化的渠道保证违宪的立法和行为及时得到纠正。在通过事后监督保障法治统一的基础上，我们认为对立法权的放开还可以进一步扩大，对地方的立法权限不要只限定于城乡建设与管理、环境保护、历史文化保护等事项，只要通过事后监督能够有效杜绝地方立法中的地方保护主义法律化等问题，进一步扩大地方的立法权就会有利于改善当前制度供给不足的现状，有利于制定更多有针对性的、能解决问题的立法。

（四）先法治化后改革还是先改革后法治化

改革开放以来，我们一直面临改革与法治的关系问题。十八届三中全会作出全面深化改革的决定，四中全会作出全面推进依法治国的决定，由此，中国社会主义现代化呈现出改革和法治"双轮驱动"的局面，同时也使二者的关系更为重要和复杂。一方面要"破"，一方面要"立"，这就使得改革进程与法治要求不协调甚至冲突的问题。一种观点认为要先改革后法治化，改革就是要冲破法律的禁区，现在法律的条条框框阻碍和迟滞了改革，改革要上路，法律要让路。另一种观点则认为，在法律尚未修改以前，不能突破法律的规定进行改革，要先法治化后改革。这两种看法都是不全面的，我们认为要在全面推进改革的基础上法治化，在法治化的道路上全面推进改革。

1. 要在全面推进改革的基础上法治化

一方面，只有通过改革才能推动法治实质目标的实现。在当代中国，法治本身就是最宏大、最深刻、最核心的改革和创新，而只有通过改革和创新，才能排除法治建设道路上的障碍。法治化并不是把现有的制度简单固化，更不是墨守成规，而是要通过改革推动法治的公平正义等实质性目标得以实现。以我国的党内监督制度为例，过去关于防治腐败的法律规范从根据地时期就有，后来不断制定的相关规则也并不少，但多少年来并没有取得很好的效果，新一届党中央在这个问题上以改革创新监督机制为抓手，取得了公认的良好效果。这个效果并不只是执行原有规范的结果，恰恰更多地是因为创新与改革。另一方面，只有通过改革取得成效，才能为法治化创造历史条件和历史机遇。仍以党内监督制度为例，《中国共产党党内监督条例》是党内监督机制改革和法治化的重大成果，而这个条例的通过是在反腐已经取得决定性胜利的时候。如果我们按照过往思路，立法先行，先制定监督条例，制定的规则肯定和过去没有多大的差别。但在党内监督机制已经通过改革创新取得重大成果的时候，再来把这些成功的经验和做法上升为党内监督条例，完善创制一系列新的规范，再来推动党内监督机制的法治化，就更能凝聚共识，更有利于法治化、规范化的实现。所以改革和法治化不是矛盾的，正如习近平总书记指出的，改革和法治是相辅相成的，要把全面依法治国放在"四个全面"的战略布局中来把握，深刻认识全面依法治国同其他三个"全面"的关系，努力做到"四个全面"相辅相成、相互促进、相得益彰。

2. 要在法治化的道路上全面推进改革

改革越深入，越要强调法治，通过立法来引领改革方向、推动改革进程、保障改革成果，让全体人民共享改革红利、法治红利。在中央全面深化改革领导小组第二次会议上，习近平总书记强调："在整个改革过程中，都要高度重视运用法治思维和法治方式，发挥法治的引领和推动作用，加强对相关立法工作的协调，确保在法治轨道上推进改革。"[①] 在中央全面深化改革领导小组第六次会议上，习近平总书记再次强调指出："科学立法是处理改革与法治关系的重要环节。要实现立法和改革决策相衔接，做到重大改革于法有据、立法主动适应改革发展需要。在研究改革方案和改革措施时，要同步考虑改革涉及的立法问题，及时提出立法需求和立法建议。实践条件还不成熟、需要先行先试的，要按照法定程序作出授权。对不适应改革要求的法律法规，要及时修改和废止。要加强法律解释工作，及时明确法律规定含义和适用法律

---

① 中共中央文献研究室编：《习近平关于全面依法治国论述摘编》，中央文献出版社 2015 年版，第 46 页。

依据。"① 将改革成果通过立法固定下来，以宪法法律确认改革，为改革保驾护航，通过授权立法和法律的及时修订，尽量消除改革可能带来的负面影响，实现改革决策与依法治国相统一。

（五）自然演进还是顶层设计

法治建设在人类历史上有两种基本的做法。英美法系较多地采用了自然演进的发展模式，慢慢积攒，几百年前的宪法规范现在仍然使用，几百年前的判例仍然使用，虽然不及大陆法系的法典简洁明晰，但英美法系的制度仍然运作得很好。大陆法系较多地采用了建构主义、顶层设计的发展模式，不论是作为私法典范的拿破仑法典，还是作为公法典范的德国基本法，很大程度上确实带有人为推动的建构色彩。中国的法治建设应当采用何种发展模式，这个问题在中国有不同的学派和不同的主张。笔者认为，从历史的角度看，我国应当加强顶层设计，并在进行顶层设计时注意法律演进的规律。

首先，我国所处的历史背景、大的环境下完全采取自然演进发展是不现实的，需要通过顶层设计进行推动和建构。当前党中央提出全面深化改革、全面依法治国，都带有建构的色彩。其次，这种建构一定要遵循法治建设的规律，要符合我国社会发展的状况，不能急，急了可能适得其反。有的制度变革需要时间的累积，不能一步到位，要重视法治建设过程论和阶段论的价值。在过程论和阶段论的视角下，要看到法治建设需要创造条件，创造环境要把主要的功夫花在环境和条件的创造上。

---

① 中共中央文献研究室编：《习近平关于全面依法治国论述摘编》，中央文献出版社 2015 年版，第 51~53 页。

第七章

法治中国建设的若干重大关系

习近平法治思想深刻回答了新时代为什么实行全面依法治国、怎样实行全面依法治国等一系列重大问题，是马克思主义法治理论中国化的最新成果，是习近平新时代中国特色社会主义思想的重要组成部分，是全面依法治国的根本遵循和行动指南。全面依法治国必然涉及各种法治建设重大关系，必须协调各种法治建设重大关系。习近平总书记对法治中国建设领域中的诸多重大关系，作了科学、深刻、系统的论述。笔者拟从政治与法治，改革与法治，依法治国与以德治国，依法治国与依规治党，民主与专政，政策与法律，有法可依与良法善治，法治与经济，法治与社会秩序和稳定，法治与国家治理现代化，确保全面履职与监督制约权力，严格执法与规范公正文明执法，全民守法与抓住"关键少数"、建设高素质法治工作队伍，尊重国情与借鉴域外经验等方面展开解读。

一、政治与法治的关系

政治与法治的关系，是民主政治的核心问题。习近平总书记在政治与法治二者的关系上，作了诸多精辟的阐述、严密的论证，揭示了二者的内在联系，指明了全面依法治国的政治方向。具体包括：

（一）政治与法治密不可分

习近平总书记指出："法治当中有政治，没有脱离政治的法治……每一种法治形态背后都有一套政治理论，每一种法治模式当中都有一种政治逻辑，每一条法治道路底下都有一种政治立场。"[①] 他强调："我们要建设的中国特色社会主义法治体系，本质上是中国特色社会主义制度的法律表现形式。"[②]

1. *政治是法治的基础*

一是政治定性、定向法治。有什么样的政治就有什么样的法治，政治制度和政治模式差异必然反映在宪法法律上，体现在法治实践中，法治某种程度上也是政治的风向标。[③] 西方法学家也认为，每种法治形态背后都有一种政治逻辑，政治立场。例如，西方各国的政党和司法制度，政党和司法之间也有千丝万缕的关系。美国联邦最高法院大法官必须由总统提名并经过参议院同意后方能任命，总统们往往也提名本党成员作为候选人以增强本党在最高法院的力量，这似乎已成为历年法官提名的不成文惯例。2020年，美国的大法官提名，再次印证了这一颠扑不灭的真理。二是政治为法律提供了组织基础。政治组织的产生为法律的制定和执行提供了主体，从法律本身来看，其本身就是人类有组织活动的要求与结果，如果没有政治组织之存在，那么法律就没有存在依据，法律的实施也就缺少执行者和监督者。[④] 三是法治的成果需要政治来加以维护。法律需要政治作为后盾，维护法律的权威性，保证法律不被轻易破坏。

2. *法治是政治的保障*

一是法治规范政治。法治是规范权力的有效方式。权力无监督，则权利

① 中共中央文献研究室编：《习近平关于全面依法治国论述摘编》，中央文献出版社2015年版，第34页。
② 中共中央文献研究室编：《习近平关于全面依法治国论述摘编》，中央文献出版社2015年版，第35页。
③ 张文显：《习近平法治思想的基本精神和核心要义》，载《东方法学》2021年第1期。
④ 江国华：《习近平全面依法治国新理念新思想新战略的学理阐释》，载《武汉大学学报（哲学社会科学版）》2021年第1期。

无保障。法治是约束权力、规范权力的制度之笼。例如人民代表大会的重要原则和制定设计的要求，就是国家机关及其工作人员的权力要受到制约和监督。二是法治保障政治。法治是治国理政的基本方式，具有显著优势。权力的运行，因为法律的赋权而具有正当性。政党的政治主张如果能够成为法律，便能以最小的成本实现最大范围的执行。

（二）政治与法治的关系集中体现为党和法的关系

现代政治是政党政治，政党特别是执政党的路线、方针、政策在很大程度上影响法治体系、法治运行。所以，正确处理好党法关系，是处理好政治与法治关系的关键。习近平总书记指出："党和法的关系是政治和法治关系的集中反映。"[①] 习近平总书记高度重视党法关系问题。他指出："党和法的关系是一个根本问题，处理得好，则法治兴、党兴、国家兴；处理得不好，则法治衰、党衰、国家衰。"[②] 习近平总书记关于党法关系的重要论述，深刻回答了为什么要坚持党的领导、如何坚持党的领导等重大问题。包括如下要点：

1. 党和法高度统一

党的领导和依法治国不是对立的，而是统一的。二者具有价值同源性和内在统一性。[③] 习近平总书记论证了党的领导和法治的辩证统一关系。习近平总书记指出："依法治国是我们党提出来的，把依法治国上升为党领导人民治理国家的基本方略也是我们党提出来的，而且党一直带领人民在实践中推进依法治国。"[④] 他强调："社会主义法治必须坚持党的领导，党的领导必须依靠社会主义法治。在我国，法是党的主张和人民意愿的统一体现，党领导人民制定宪法法律，党领导人民实施宪法法律，党自身必须在宪法法律范围内活动，这就是党的领导力量的体现。全党在宪法法律范围内活动，这是我们党的高度自觉，也是坚持党的领导的具体体现，党和法、党的领导和依

---

① 中共中央文献研究室编：《习近平关于全面依法治国论述摘编》，中央文献出版社 2015 年版，第 34 页。

② 中共中央文献研究室编：《习近平关于全面依法治国论述摘编》，中央文献出版社 2015 年版，第 33 页。

③ 参见汪习根：《论习近平法治思想的时代精神》，载《中国法学》2021 年第 1 期。

④ 习近平：《加快建设社会主义法治国家》，载《求是》2015 年第 1 期。

法治国是高度统一的。"①

2. 社会主义法治必须坚持党的领导

一是坚持党的领导是中国特色社会主义法治最本质的特征。党政军民学，党是领导一切的，是中国特色社会主义事业的领导核心。习近平法治思想的核心要义的"十一个坚持"中，第一个就是坚持党对全面依法治国的领导，这充分表明党的领导在全面依法治国中的统领性、全局性、决定性地位。②习近平总书记原创性提出，中国共产党的领导是中国特色社会主义最本质的特征。他进而指出："党的领导是中国特色社会主义法治之魂，是我们的法治同西方资本主义国家的法治最大的区别。离开了中国共产党的领导，中国特色社会主义法治体系、社会主义法治国家就建不起来。"③

二是坚持党的领导，是社会主义法治的根本要求，是全面推进依法治国题中应有之义。首先，坚持党的领导，才能保证全面依法治国的政治方向。纵观新中国法治建设历程，最根本的经验就是坚持党在全面依法治国中的领导核心地位，把党的领导贯彻到全面依法治国全过程和各方面。党的领导是国家的根本领导制度，是我们最大的国情，毋庸置疑、不容削弱。习近平总书记强调："全面推进依法治国这件大事能不能办好，最关键的是方向是不是正确、政治保证是不是坚强有力，具体讲就是要坚持党的领导，坚持中国特色社会主义制度，贯彻中国特色社会主义法治理论。"④其次，党的领导地位是宪法赋予的。我国宪法确认了中国共产党的执政地位。2018年，在《宪法》修改中，"中国共产党领导是中国特色社会主义最本质的特征"写入《宪法》总纲第一条。《宪法》确认了党在国家政权结构中总揽全局、协调各方的核心地位。

三是党的领导保障社会主义法治。党的领导是党和国家事业不断发展的

① 中共中央文献研究室编：《习近平关于全面依法治国论述摘编》，中央文献出版社2015年版，第36页。

② 中共中国法学会党组：《用习近平法治思想引领法治中国建设》，载《人民日报》2020年12月25日第9版。

③ 中共中央文献研究室编：《习近平关于全面依法治国论述摘编》，中央文献出版社2015年版，第35页。

④ 习近平：《论坚持全面依法治国》，中央文献出版社2020年版，第91页。

"定海神针"。坚持党的领导是中国特色社会主义制度最本质的特征，也是最大的优势。习近平总书记深刻指出："党的领导是中国特色社会主义最本质的特征，是社会主义法治最根本的保证。"①

四是习近平总书记论证了党法关系的伪命题和真命题。党的领导和依法治国的关系一直是少数别有用心之人攻击我国法治的借口之一。习近平总书记指出："党大还是法大是一个政治陷阱，是一个伪命题。对这个问题，我们不能含糊其辞、语焉不详，要明确予以回答。"②他强调："我们说不存在'党大还是法大'的问题，是把党作为一个执政整体而言的，是指党的执政地位和领导地位而言的。"③党作为一个整体，要领导全面依法治国，党的领导要贯穿立法、执法、司法等全过程。但是，具体到每个党政组织、领导干部，就必须服从和遵守宪法法律，就不能以党自居，就不能把党的领导作为个人以言代法、以权压法、徇私枉法的挡箭牌。习近平总书记揭示了"党大还是法大"背后的政治动机，就是试图将党的领导和法治割裂、对立起来，否定党的领导，否定中国特色社会主义制度。他还强调："如果说'党大还是法大'是一个伪命题，那么对各级党政组织、各级领导干部来说，权大还是法大则是一个真命题。纵观人类政治文明史，权力是一把双刃剑，在法治轨道上行使可以造福人民，在法律之外行使则必然祸害国家和人民。"④因此，问题的根本不是党大还是法大的问题，而是权大还是法大的问题。历史已经多次证明，权力与法律相向而行，则国治民安；权力与法律背道而驰，则祸国殃民。

3. 党的领导必须依靠社会主义法治

社会主义法治的目的是加强党的领导。习近平总书记强调："我们全面推进依法治国，绝不是要虚化、弱化甚至动摇、否定党的领导，而是为了进一步巩固党的执政地位、改善党的执政方式、提高党的执政能力，保证党和国

---

① 习近平：《论坚持全面依法治国》，中央文献出版社 2020 年版，第 92 页。
② 中共中央文献研究室编：《习近平关于全面依法治国论述摘编》，中央文献出版社 2015 年版，第 34 页。
③ 中共中央文献研究室编：《习近平关于全面依法治国论述摘编》，中央文献出版社 2015 年版，第 37 页。
④ 中共中央文献研究室编：《习近平关于全面依法治国论述摘编》，中央文献出版社 2015 年版，第 37 页。

家长治久安。"① 国际国内环境越是复杂，改革开放和社会主义现代化建设任务越是繁重，越要运用法治思维和法治手段巩固执政地位、改善执政方式、提高执政能力，保证党和国家长治久安。

需要注意的是，在坚持党的领导的同时，必须注重改善党的领导，不断提高党领导依法治国的能力和水平。坚持党的领导和改善党的领导互为因果、一体两面。如何实现、改善党的领导？

一是党要带头依宪执政、依法执政。坚持依法治国首先要坚持依宪治国，坚持依法执政首先要坚持依宪执政。依法治国是党领导人民治理国家的基本方略，依法执政是党治理国家的基本方式。办好中国的事情，关键在党。党既领导人民制定宪法和法律，也领导人民执行宪法法律。只有党依宪执政、依法执政，自觉在宪法法律范围内活动，社会主义法治才能落实好。要分清依宪治国、依法治国同西方所谓的"宪政"的本质区别。习近平总书记强调："坚持依宪治国、依宪执政，就包括坚持宪法确定的中国共产党领导地位不动摇，坚持宪法确定的人民民主专政的国体和人民代表大会制度的政体不动摇。"②

二是要改进党的领导方式和执政方式。坚持党的领导，不是一句空的口号，必须具体体现在党领导立法、保证执法、支持司法、带头守法上。一方面，要坚持党总揽全局、协调各方的领导核心作用，统筹依法治国各领域工作，确保党的主张贯彻到依法治国全过程和各方面。另一方面，要改善党对依法治国的领导，不断提高党领导依法治国的能力和水平。习近平总书记创造性地提出了"三统一、四善于"的执政理念，即"必须坚持党领导立法、保证执法、支持司法、带头守法，把依法治国基本方略同依法执政基本方式统一起来，把党总揽全局、协调各方同人大、政府、政协、审判机关、检察机关依法依章程履行职能、开展工作统一起来，把党领导人民制定和实施宪法法律同党坚持在宪法法律范围内活动统一起来；善于使党的主张通过法定

---

① 中共中央文献研究室编：《习近平关于全面依法治国论述摘编》，中央文献出版社 2015 年版，第 35 页。

② 中共中央文献研究室编：《习近平关于全面依法治国论述摘编》，中央文献出版社 2015 年版，第 36 页。

程序成为国家意志，善于使党组织推荐的人选通过法定程序成为国家政权机关的领导人员，善于通过国家政权机关实施党对国家和社会的领导，善于运用民主集中制维护中央权威、维护全党全国团结统一"。①"三统一、四善于"是习近平总书记对党的执政方式的总结和创造性发展。我们要在"三统一"中加强党对法治的领导，在"四善于"中落实党对法治的领导。

三是坚持党的领导要与人民当家作主、依法治国有机统一起来。这既是我国社会主义法治建设的成功经验，也反映了民主与法治不可分离的重大关系。

四是要注意正确处理党的领导和确保司法机关依法独立公正行使职权的关系。党实施领导权的原则是总揽全局、协调各方。总揽而不是包办，协调而不是替代。党总揽全局是在国家机关职权独立前提下的总揽。党协调各方是指党要最大限度地凝聚共识、形成合力。这是处理好党的领导权与国家权力、社会权力关系的重要原则。习近平总书记强调："党对政法工作的领导是管方向、管政策、管原则、管干部，不是包办具体事务……党委政法委要明确职能定位，善于议大事、抓大事、谋全局，把握政治方向，协调各方职能、统筹政法工作、建设政法队伍、督促依法办事，创造执法环境。"②

五是要建立健全党领导法治工作的体制机制。全面依法治国是要加强和改善党的领导，健全党领导全面依法治国的制度和工作机制，推进党的领导制度化、法治化，通过法治保障党的路线方针政策有效实施。2018年，党中央组建中央全面依法治国委员会，正是基于加强党对法治工作领导的目的。此外，还要健全考核评价制度，推动地方各级党政主要负责人切实履行推进法治建设第一责任人的职责。

六是要坚持依法治国和依规治党有机统一。依法执政既要求党依据宪法法律治国理政，也要求党依据党内法规管党治党、从严治党。依法执政实际上构成了依法治国和依规治党有机统一的逻辑纽带。③

---

① 《全力推进法治中国建设——关于全面依法治国》，载《人民日报》2016年4月27日第9版。
② 习近平：《论坚持全面依法治国》，中央文献出版社2020年版，第44页。
③ 林华：《依法治国与依规治党有机统一的逻辑及其进路》，载《环球法律评论》2020年第3期。

二、改革与法治的关系

在当代中国，改革与法治的关系，始终是一个基本、重要的问题。习近平总书记一直高度重视改革，1988 年 9 月，他就提出："当务之急，是我们的党员、我们的干部、我们的群众都要来一个思想解放，观念更新，四面八方去讲一讲'弱鸟可望先飞，至贫可能先富'的辩证法。"[1] 他鼓励和支持领导干部勇于开拓、有所作为。闯关夺隘，需要不断去面对矛盾、解决问题。习近平总书记运用辩证唯物主义和历史唯物主义的世界观和方法论，深刻、充分论证了改革与法治的内在关联和相互关系，纠正了认识上的误区，阐释了如何实现改革的合法性和法治的现代性。具体包括：

（一）法治和改革具有内在统一性

从表面上看，改革意味着要突破现有的法律，法治则必然要求依法而行。实际上，二者相伴而生、不可或缺、不可偏废。习近平总书记指出改革与法治如"鸟之两翼、车之两轮"。他强调："改革和法治相辅相成、相伴而生。"[2]

一是法治和改革不可分。我国历史上的历次变法，不管是战国时期商鞅变法、宋代王安石变法还是明代张居正变法，都是改革和法治紧密结合，变旧法、立新法。习近平总书记强调："深化改革需要法治保障。"[3]

二是全面深化改革、全面依法治国是"破"与"立"的辩证之统一。法治就是最大的创新。党的十一届三中全会后，改革是中国的主旋律。党的十八届四中全会通过了全面推进依法治国的决定，与党的十八届三中全会通过的全面深化改革的决定形成了姊妹篇，这充分印证了法治和改革密不可分，也体现了"破"与"立"的辩证统一，是总体战略部署在时间轴上的顺序展开。正如习近平总书记指出："让全面深化改革、全面依法治国像两个轮子，共同推动全面建成小康社会的事业滚滚向前。"[4] 改革和法治是两个轮子，这就

---

① 参见习近平：《摆脱贫困》，福建人民出版社 2016 年版，第 2 页。
② 习近平：《论坚持全面依法治国》，中央文献出版社 2020 年版，第 37~38 页。
③ 习近平：《论坚持全面依法治国》，中央文献出版社 2020 年版，第 39 页。
④ 习近平：《论坚持全面依法治国》，中央文献出版社 2020 年版，第 36~37 页。

是全面深化改革和全面依法治国的辩证关系。

三是从实践来看，改革和法治同步推进，才能增强改革的穿透力。习近平总书记强调："要把党的十八届四中全会提出的 180 多项对依法治国具有重要意义的改革举措，纳入改革任务总台账，一体部署、一体落实、一体督办。"① 以党和国家机构改革为例。习近平总书记指出："在深化党和国家机构改革中，我们探索和积累了宝贵经验，就是坚持党对机构改革的全面领导，坚持不立不破、先立后破 …… 坚持改革和法治相统一相协调，坚持把思想政治工作贯穿改革全过程。"②

（二）法治与改革的关系集中体现为：在法治下推进改革、在改革中完善法治

1. 在法治下推进改革

在法治下推进改革，解决的是改革的合法性问题。第一，重大改革要于法有据。重大改革要于法有据，就是要在法治的轨道上推进改革，以法治凝聚改革共识、以法治引领改革方向、以法治规范改革进程、以法治化解改革风险、以法治巩固改革成果。习近平总书记指出："在整个改革过程中，都要高度重视运用法治思维和法治方式，发挥法治的引领和推动作用，加强对相关立法工作的协调，确保在法治轨道上推进改革。"③ "深化党和国家机构改革，要做到改革和立法相统一、相促进，发挥法治规范和保障改革的作用，做到重大改革于法有据、依法依规进行 …… 做到在法治下推进改革，在改革中完善法治。"④ 他强调："凡属重大改革要于法有据，需要修改法律的可以先修改法律，先立后破，有序进行。有的重要改革举措，需要得到法律授权的，要按法律程序进行。"⑤ 改革必须有宪法法律的明确授权，改革只能是法治之下的改革，只能是依法改革、循法而改。

---

① 《习近平：运用法治思维和法治方式推进改革》，载《人民日报》2014 年 10 月 28 日第 1 版。

② 《习近平在深化党和国家机构改革总结会议上强调 巩固党和国家机构改革成果 推进国家治理体系和治理能力现代化》，载《人民日报》2019 年 7 月 6 日第 1 版。

③ 习近平：《把抓落实作为推进改革工作的重点 真抓实干踏疾步稳务求实效》，载《人民日报》2014 年 3 月 1 日第 1 版。

④ 《十九大以来重要文献选编（上）》，中央文献出版社 2019 年版，第 247 页。

⑤ 习近平：《论坚持全面依法治国》，中央文献出版社 2020 年版，第 35 页。

第二，要做到有序改革。习近平总书记指出："要正确推进改革，坚持改革是社会主义制度自我完善和发展。要准确推进改革，认真执行中央要求，不要事情还没弄明白就盲目推进。要有序推进改革，该中央统一部署的不要抢跑，该尽早推进的不要拖宕，该试点的不要仓促推开，该深入研究后再推进的不要急于求成，该得到法律授权的不要超前推进。"① 需要得到法律授权的重要改革举措，要在履行法律程序后再实施，有序进行，不能违法办事。

从实践来看，深圳经济特区就是一个极好的案例。习近平总书记在深圳经济特区建立 40 周年庆祝大会上的讲话中提出了"十个坚持"，其中第七个就是必须坚持科学立法、严格执法、公正司法、全民守法，使法治成为经济特区发展的重要保障。看似寻常最奇崛，成如容易却艰辛，深圳经济特区一张白纸上的奇迹，正是重视法治、法治和改革互相协调的结果。深圳经济特区的发展也是落实习近平总书记要强化依法治理，善于运用法治思维和法治方式解决城市治理顽症难题，让法治成为社会共识和基本准则的改革成果。深圳经济特区的发展也证明，改革开放越深入越要强调法治，发展环境越复杂越要强调法治。

2. 在改革中完善法治

在改革中完善法治，解决的是法治的现代性问题。第一，要把法治纳入全面深化改革的总体部署。我们改革和创新，是为了落实依法治国、建设社会主义国家的基本方略，是为了通过改革和创新，排除法治建设的不利因素。要把全面依法治国放在"四个全面"的战略布局中来把握，深刻认识全面依法治国同其他三个"全面"的关系，努力做到四个全面相辅相成、相互促进、相得益彰。一是法治本身就是改革的重要领域。改革是解决法治领域突出问题的根本途径。习近平总书记指出："坚定不移推进法治领域改革，坚决破除束缚全面推进依法治国的体制机制障碍。解决法治领域的突出问题，根本途径在于改革。如果完全停留在旧的体制机制框架内，用老办法应对新情况新问题，或者用零敲碎打的方式来修修补补，是解决不了大问题的。"②

---

① 《习近平在山东考察时强调认真贯彻党的十八届三中全会精神汇聚起全面深化改革的强大正能量》，载《人民日报》2013 年 11 月 29 日第 1 版。

② 习近平：《加快建设社会主义法治国家》，载《求是》2015 年第 1 期。

二是要突出司法体制改革。习近平总书记在党的十八届四中全会上所作的说明中，重点提到了十个问题，很多都和司法体制改革相关，例如提高司法公信力（第六）、最高人民法院设立巡回法庭（第七）、探索设立跨行政区划的人民法院和人民检察院（第八）、探索建立检察机关提起公益诉讼制度（第十）。习近平总书记强调，司法是维护社会公平正义的最后一道防线。他深刻指出："司法领域存在的主要问题是，司法不公、司法公信力不高问题十分突出……司法不公的深层次原因在于司法体制不完善、司法职权配置和权力运行机制不科学、人权司法保障制度不健全。"[①] 由此可见，在法治改革领域，司法体制改革是重中之重。司法体制改革是政治体制改革的重要组成部分，对推进国家治理体系和治理能力现代化具有十分重要的意义。要加强领导、协力推动、务求实效，加快建设公正高效权威的社会主义司法制度，更好坚持党的领导、更好发挥我国司法制度的特色、更好促进社会公平正义。

第二，立法要和改革相辅相成。一是要科学立法。良法是善治之前提，科学立法是处理改革与法治关系的重要环节，立法要主动适应改革发展需要，实现立法决策和改革决策相统一、相衔接。在研究改革方案和改革措施时，要同步考虑改革涉及的立法问题，及时提出立法需求和立法建议。实践证明行之有效的，要及时上升为法律。实践条件还不成熟、需要先行先试的，要按照法定程序作出授权。对不适应改革要求的法律法规，要及时修改和废止。二是要高质量立法。立法要提量提质，保障改革。要加强重点领域、新兴领域、关键领域的立法，要完善法治建设规划，提高立法工作质量和效率，保障和服务改革发展，营造和谐稳定社会环境，加强涉外法治建设，为推进改革发展稳定工作营造良好法治环境。三是立法要为改革留有余地和必要的空间。对于重大改革于法无据的，宜在先行先试的基础上，再行法律的立改废释工作。

需要注意的是，要坚持改革和法治统一协调。法治与改革同时进行，二者之间难免发生矛盾和冲突。一方面注重改革，一方面过分强调法治，改革就难以推动。解决这个矛盾和冲突，需要正确处理好改革和法治的关系。对

---

① 习近平：《论坚持全面依法治国》，中央文献出版社 2020 年版，第 98 页。

部门间争议较大的重要立法事项，要加快推动和协调，不能久拖不决。对实践条件还不成熟、需要先行先试的，要按照法定程序作出授权，既不允许随意突破法律红线，也不允许简单以现行法律没有依据为由迟滞改革。对不适应改革要求的现行法律法规，要及时修改或废止，不能让一些过时的法律条款成为改革的"绊马索"。法治领域的改革更是如此。法治领域的改革有两个特点：一是涉及的主要是公检法司等国家政权机关和权力部门，社会关注度高，改革难度大。二是很多问题涉及法律规定。正如习近平总书记深刻指出的："改革要于法有据，但也不能因为现行法律规定就不敢越雷池一步，那是无法推进改革的。"① 此外，改革涉及法律制定、修改、废止的，主责单位要主动和立法机构相衔接，立法机构要及时启动程序。立法和改革发展不同步、慢半拍甚至拖后腿的问题必须改变。

三、依法治国与以德治国的关系

在中华法文化中，德法互补不仅是法文化的核心内容，也是其精髓之所在。② 依法治国和以德治国的关系，法治与德治的关系，是经国序民、治国理政的焦点问题。③ 我们党历来重视道德的作用，党的十五大以来，党中央在汲取传统文化的基础上，明确提出了依法治国和以德治国相结合的理念。党的十八届四中全会《中共中央关于全面推进依法治国若干重大问题的决定》指出，坚持依法治国和以德治国相结合，并把其作为实现全面推进依法治国总目标必须坚持的五项重要原则之一。在依法治国与以德治国关系上，习近平总书记形成了完备、辩证、创新的"法德观"，其提出的法德兼治、法德共治理论，阐明了一种现代法治和新型德治相结合的治国新思路。这既是对中国古代治国理政智慧的传承，又是对国家治理现代化理论的发展和升华。具体包括：

---

① 习近平：《论坚持全面依法治国》，中央文献出版社 2020 年版，第 117 页。
② 张晋藩：《中华法系论辑》，中国政法大学出版社 2018 年版，第 159 页。
③ 张文显：《习近平法治思想的基本精神和核心要义》，载《东方法学》2021 年第 1 期。

（一）法安天下，德润人心

法律，必须遵循；道德，不可忽视。古代中国即有德治和法治之争。尽管古人对德法的地位和作用认识不尽相同，但绝大多数都主张德法并用。习近平总书记指出："法安天下，德润人心……法治和德治不可分离、不可偏废，国家治理需要法律和道德协同发力。"①"法安天下，德润人心"这句已经家喻户晓的金句，极为精辟地揭示了法律和道德的辩证关系。法律和道德不可分。

1. 法律和道德具有共通性

马克思主义认为，法律和道德同属上层建筑的范畴。法律是成文的道德，道德是内心的法律，法律和道德都具有规范社会行为、调节社会关系、维护社会秩序的作用。法治是治国理政的基本方略，德治是治理国家的重要方式。二者都是国家治理的重要手段，法治以其权威性和强制性手段规范社会成员的行为，德治以其说服力和劝导力提高社会成员的思想认识和道德觉悟。

2. 法律和道德具有协调性

法律规范人们的行为，可以强制性地惩罚违法行为，但不能代替解决人们思想道德的问题。我国历来就有德刑相辅、儒法并用的思想。法是他律，德是自律，需要二者并用。如果人人都能自觉进行道德约束，违法的事情就会大大减少，遵守法律也就会有更深厚的基础。

3. 法律和道德具有互补性

"法律作为社会控制的一种方式，具有强力的全部力量，那么它也具有依赖强力的一切弱点。"②法律有效实施有赖于道德支持，道德践行也离不开法律约束。因此，二者不可分离、偏废，二者协同发力是国家治理的重要保障。治理国家、治理社会，必须一手抓法治、一手抓德治。

（二）德治和法治相辅相成，相得益彰

从根本上讲，依法治国是政治文明的标志，以德治国是精神文明的标志。在法治中国建设中，要坚持依法治国和以德治国相结合，把法治建设和道德建设紧密结合起来，把他律和自律紧密结合起来，做到法治和德治相辅相成、

---

① 习近平：《论坚持全面依法治国》，中央文献出版社 2020 年版，第 165 页。
② ［美］罗斯科·庞德：《通过法律的社会控制》，沈宗灵译，商务印书馆 2019 年版，第 12 页。

相互促进。习近平总书记进而深刻指出:"……走出了一条中国特色社会主义法治道路。这条道路的一个鲜明特点,就是坚持依法治国和以德治国相结合,强调法治和德治两手抓、两手都要硬。这既是历史经验的总结,也是对治国理政规律的深刻把握。"①

在新的历史条件下,依法治国和以德治国更显重要。依法治国和以德治国相结合,是社会主义法治的必然要求。社会主义法治以人民为中心,人民在党的领导下参与国家事务管理。因此,除了法律的刚性强制外,更需要通过道德的教化,形成人民内心的确信,达成真正守法。我们要把依法治国基本方略、依法执政基本方式落实好,把法治中国建设好,必须坚持依法治国和以德治国相结合,使法治和德治在国家治理中相互补充、相互促进、相得益彰,推进国家治理体系和治理能力现代化。实现依法治国和以德治国相结合的要点在于:

1. 发挥法治对道德的规范作用

一是强化法律对道德的促进作用。法律是底线的道德,也是道德的保障。发挥好法律的规范作用,必须以法治体现道德理念、强化法律对道德建设的促进作用。一方面,道德是法律的基石,只有那些合乎道德、具有深厚道德基础的法律才能为更多人所自觉遵行。另一方面,法律是道德的保障,可以通过强制性规范人们行为、惩罚违法行为来引领道德风尚。要注意把一些基本道德规范转化为法律规范,使法律法规更多体现道德理念和人文关怀,通过法律的强制力来强化道德作用、确保道德底线,推动全社会道德素质提升。二是运用法治手段解决道德领域突出问题。习近平总书记强调:"加强相关立法工作,明确对失德行为的惩戒措施。要依法加强对群众反映强烈的失德行为的整治。对突出的诚信缺失问题,既要抓紧建立覆盖全社会的征信系统,又要完善守法诚信褒奖机制和违法失信惩戒机制,使人不敢失信、不能失信。对见利忘义、制假售假的违法行为,要加大执法力度,让败德违法者受到惩治、付出代价。"②

————————

① 习近平:《论坚持全面依法治国》,中央文献出版社 2020 年版,第 166 页。
② 《习近平总书记在中共中央政治局第三十七次集体学习时强调 坚持依法治国和以德治国相结合 推进国家治理体系和治理能力现代化》,载《人民日报》2016 年 12 月 11 日第 1 版。

2. 发挥道德对法治的支撑作用

一是发挥道德的教化作用。在道德体系中体现法治要求，发挥道德对法治的滋养作用。再多再好的法律，必须转化为人们内心自觉才能真正为人们所遵行。"不知耻者，无所不为。"没有道德滋养，法治文化就缺乏源头活水，法律实施就缺乏坚实社会基础。要努力使道德体系同社会主义法律规范相衔接、相协调、相促进，提高全社会文明程度，为全面依法治国创造良好人文环境。二是在道德教育中突出法治内涵，注重培育人们的法律信仰法治观念、规则意识，引导人们自觉履行法定义务、社会责任、家庭责任，营造全社会都讲法治、守法治的文化环境。三是把道德要求贯彻到法治建设中。以法治承载道德理念，道德才有可靠制度支撑。习近平总书记特别强调要把社会主义核心价值观融入法治建设。他指出："法律法规要树立鲜明道德导向，弘扬美德义行，立法、执法、司法都要体现社会主义道德要求，都要把社会主义核心价值观贯穿其中，使社会主义法治成为良法善治。要把实践中广泛认同、较为成熟、操作性强的道德要求及时上升为法律规范，引导全社会崇德向善。"①

实现依法治国和以德治国相结合，还需要在以下方面发力：一是要发挥领导干部在依法治国和以德治国中的关键作用。习近平总书记强调，领导干部既要做全面依法治国的组织者、推动者，也要做道德建设的倡导者、示范者。领导干部要做尊法学法守法用法的模范，还要努力成为道德楷模。以德修身、以德立威、以德服众，是干部成长成才的重要因素。习近平总书记多次强调选拔任用干部要"坚持德才兼备、以德为先"，明确提出"什么样的人该用，什么样的人不重用，都要把德放在首位"，并提出了政治品德、职业道德、家庭美德和社会公德并重的"四德"标准和考核要求。二是要提高全民法治意识和道德自觉。培育人们的法律信仰、法治观念、规则意识，将全民普法和全民守法作为依法治国的基础性工程，使全体人民成为社会主义法治的崇尚者、遵守者、捍卫者；实施公民道德建设工程，深化群众性精神文明创建活动，引导广大人民群众争做社会主义道德的示范者、良好风尚的维护者。

---

① 习近平：《论坚持全面依法治国》，中央文献出版社 2020 年版，第 166 页。

四、依法治国与依规治党的关系

党的十八大以来，习近平总书记从协调推进"四个全面"战略布局的高度，系统部署依规治党、依法治国，进一步夯实了全面从严治党、全面依法治国的制度基石，极大丰富了中国特色法治和党建理论。习近平总书记开创性提出"依规治党"，并指出："加强党内法规制度建设是全面从严治党的长远之策、根本之策。"①党的十九大报告，明确提出了"依法治国与依规治党有机统一"，并将其作为全民依法治国的基本方略之一。党的二十大报告首次提出了"完善党的自我革命制度规范体系"这一崭新命题。习近平总书记关于二者关系的论述，具体包括：

（一）依法治国与依规治党有机统一

1. 二者本质相同

依法治国是依据宪法法律治国，依规治党是依党章党规治党。宪法是法律体系的基础，党章是党规体系的基石。宪法和党规在治国理政的根本问题和基本原理上是相通叠加的。②中华民族的命运同中国共产党的命运密不可分。作为执政党、领导党，中国共产党既要依据宪法法律治国理政、让人民生活得更美好；又要依据党章党规全面从严治党，更好地为人民服务。依法治国和依规治党具有实施主体的同一性、价值的同源性，共同统一于我国社会主义法治建设的伟大实践。

2. 二者相辅相成

治国和治党都是治理的重要范畴、不可或缺。依法治国与依规治党是辩证统一的。一方面，依规治党是依法治国的前提和保障。打铁还需自身硬，中国共产党作为执政党，党员领导干部作为"关键少数"，在党内严格按照党章和党内法规行事，在社会上带头遵守宪法法律法规，必能起到良好的示范带动作用，大幅提升法治建设的效能。反之，如果不坚持依规治党、将党的领导活动纳入党内法规轨道，不能将党员领导干部的权力关在党内法规的笼

---

① 习近平：《论坚持全面依法治国》，中央文献出版社 2020 年版，第 169 页。
② 张文显：《党规国法互联互通》，载《法制与社会发展》2017 年第 1 期。

子里，依法治国将难以实现。邓小平同志指出了党规党法对国法的重要保障作用："国要有国法，党要有党规党法。党章是最根本的党规党法。没有党规党法，国法就很难保障。"①习近平总书记进而深刻阐明了依法治国与依规治党的密切联系：依规治党深入党心，依法治国才能深入民心。另一方面，依法治国是依规治党的依托和基础。宪法确认了中国共产党的执政地位，并确认了党总揽全局、协调各方的核心地位。党内法规既是管党治党的重要依据，也是中国特色社会主义法治体系的重要组成部分。党内法规是对立法、法律的具体化，是中国特色社会主义法治体系的一部分。②宪法是国家根本法，党制定、实施党内法规必须和宪法、法律保持一致。换言之，党内法规是宪法法律在党的治理领域的具体化、专门化，受宪法法律的制约、保障。依法治国是依规治党的必然选择，也是确保依规治党得到贯彻落实的重要依托。依法治国将法治精神和法治原则渗透于依规治党之中，增强了党运用法治思维和制度思维管党治党的自觉性、坚定性。两者有机统一的基础在于制度目的统一性、党政权力统一性、基本原则统一性以及治理体系统一性。

3. 二者相对独立

依法治国与依规治党虽然相辅相成，互联互通，但是二者仍存在显著差异。党内法规是管党治党建设党的基本依据和党内治理法治化的制度载体，国家法律是由国家强制力保证实施的具有普遍约束力的行为规则。依法治国重点在于解决国家治理问题，而依规治党聚焦于党的治理问题。二者在功能定位上各有侧重、相对独立，既不能缺位，更不能错误越位，避免出现"依规治国"或者"依法治党"。③

（二）坚持依法治国与依规治党统筹推进、一体建设

我们党要履行好执政兴国的重大历史使命、赢得具有许多新的历史特点的伟大斗争胜利、实现党和国家的长治久安，必须坚持依法治国与制度治党、依规治党统筹推进、一体建设。依法治国与依规治党相统一，使法纪衔接、纪法贯通，也是社会主义法治体系的内在要求。习近平总书记强调："要发挥

---

① 《邓小平文选（第二卷）》，人民出版社 1994 年版，第 147 页。
② 魏治勋：《党内法规特征的多元向度》，载《东方法学》2021 年第 1 期。
③ 参见宋功德：《坚持依规治党》，载《中国法学》2018 年第 2 期。

依法治国和依规治党的互补性作用，确保党既依据宪法法律治国理政，又依据党内法规管党治党、从严治党。"① 在法治中国建设中，统筹推动依法治国与依规治党，实现二者优势互补、良性互动，将国家法律制度和党内法规更好地结合，促进党的制度优势与国家制度相互转化，汇聚治国理政的合力和效能，这是我们的制度优势，也是实现法治中国的重要保障。

需要注意的是，实现依法治国与依规治党的有机统一，关键是保障党内法规与国家法律的统一。习近平总书记强调："全面推进依法治国，必须努力形成国家法律法规和党内法规制度相辅相成、相互促进、相互保障的格局。"② 实现国家法律法规和党内法规制度相辅相成、相互促进、相互保障，需要做好党内法规同国家法律的衔接、协调与配合。在衔接和协调中，要重点解决二者不一致、有冲突的地方，使得党内法规和国家法律相得益彰，互相促进。此外，还要重点做好党内法规备案审查工作，坚持有件必备、有备必审、有错必纠。

五、民主与专政的关系

民主与专政，是政治学、法学的经典范畴，二者的关系是全面依法治国中的根本关系。马克思认为，只要人类社会的阶级对立还没有消除，那么一切民主都以专政为前提，即统治阶级民主和被统治阶级的专政相统一。列宁则结合俄国的实际，丰富、发展了马克思恩格斯的民主与专政理论和实践。在《国家与革命》中，列宁指出："无产阶级民主和无产阶级专政永远不会是单独存在的。"③ 经典作家的理论成为我国人民民主专政的理论来源之一。毛泽东同志指出："我们的国家是工人阶级领导的以工农联盟为基础的人民民主专政的国家。"④ 新中国成立之初，毛泽东同志就满怀信心地说："一切事实都证明：我们的人民民主专政的制度，较之资本主义国家的政治制度具有极

---

① 习近平：《论坚持全面依法治国》，中央文献出版社 2020 年版，第 231 页。
② 《中共中央关于全面推进依法治国若干重大问题的决定》，人民出版社 2014 年版，第 53 页。
③ 《列宁选集（第 3 卷）》，人民出版社 1995 年版，第 139 页。
④ 毛泽东：《关于正确处理人民内部矛盾的问题》，载《毛泽东著作选读（下册）》，人民出版社 1986 年版，第 759 页。

大的优越性。在这种制度的基础上，我国人民能够发挥其无穷无尽的力量。这种力量，是任何敌人所不能战胜的。"习近平总书记继承并发展了马克思经典作家的成果并予以丰富、拓展和深化，在民主、专政二者的关系上有大量原创、深刻的论述，极大地丰富了人类民主政治理论。具体包括：

（一）习近平总书记对民主的创新发展

1. 揭示了民主的真谛是人民当家作主

民主、法治、人权，是现代各国宪法的主要公理性原则。马克思、恩格斯说过："民主是什么呢？它必须具备一定的意义，否则它就不能存在。因此，全部问题就在于确定民主的真正意义。"[①]习近平总书记深刻指出，民主就是人民民主，人民当家作主，找到全社会意愿和要求的最大公约数，是人民民主的真谛。人民民主是中国共产党始终高举的旗帜。习近平总书记强调："人民当家作主是社会主义民主政治的本质和核心。人民民主是社会主义的生命。没有民主就没有社会主义，就没有社会主义的现代化，就没有中华民族伟大复兴。我们必须坚持国家一切权力属于人民，坚持人民主体地位，支持和保证人民通过人民代表大会行使国家权力。"[②]

2. 提出了以人民为中心的基本原则

2015年10月12日，习近平总书记在中央政治局会议上第一次提出"坚持以人民为中心的发展思想"。在党的十九大报告中，"人民"一词出现203次之多。以人民为中心，是全面依法治国的根本立场。习近平总书记强调："中国共产党的领导，就是支持和保证人民实现当家作主。"[③]习近平总书记还阐述了人民民主和社会主义制度的关系，"我国社会主义制度保证了人民当家作主的主体地位，也保证了人民在依法治国中的主体地位。这是我们的制度优势，也是中国特色社会主义法治区别于资本主义法治的根本所在"。[④]习近平总书记多次指出："在中国，发展社会主义民主政治，保证人民当家作主，保证国家政治生活既充满活力又安定有序，关键是要坚持党的领导、人

---

① 参见马克思、恩格斯：《〈新莱茵报政治经济评论〉第4期上发表的书评》，载《马克思恩格斯全集》（第10卷），人民出版社1998年版，第315页。
② 《十八大以来重要文献选编（中）》，中央文献出版社2016年版，第54~55页。
③ 习近平：《论坚持全面依法治国》，中央文献出版社2020年版，第71页。
④ 习近平：《论坚持全面依法治国》，中央文献出版社2020年版，第107页。

民当家作主、依法治国有机统一。"① 社会主义法治建设必须为了人民、依靠人民、造福人民、保护人民。习近平总书记强调:"中国共产党的一切执政活动,中华人民共和国的一切治理活动,都要尊重人民主体地位,尊重人民首创精神,拜人民为师。"②

3. 拓展了人民民主实现的多种方式

党的二十大报告把发展全过程人民民主确定为中国式现代化本质要求之一,并作出全面部署、提出明确要求。习近平总书记指出,要坚持人民主体地位,发展更加广泛、更加充分、更加健全的人民民主,最广泛地动员和组织人民依法管理国家事务,管理经济文化事业,管理社会事务。他强调,保持和支持人民当家作主不是一句口号、不是一句空话,必须落实到国家政治生活和社会生活之中。

(二)民主和专政既对立又统一,相辅相成

和民主相对应的是专政。关于民主与专政的关系,习近平总书记强调,要辩证认识和处理二者的关系。只讲专政,不讲民主不对,但是只讲民主,不讲专政也不对。无产阶级专政为无产阶级民主提供坚强的后盾,而无产阶级民主为无产阶级专政提供人民基础。没有无产阶级专政就没有无产阶级民主,反之亦然。人民民主专政是我国《宪法》规定的国家性质,人民民主专政的国家政权机关必须以坚定的政治立场、高度的政治清醒、强烈的政治自觉,把维护人民群众合法权益作为出发点和落脚点。③ 在实践中,我们要正确把握民主与专政的关系,辨识民主与专政的界限。

1. 正确区分人民内部矛盾

对人民内部矛盾,要坚持和风细雨、为民服务,尽量通过调解、协商等柔性方式解决,善于运用法治思维和法治方式,努力实现"案结事了",化解矛盾,促进社会和谐。但对违法问题、害群之马,一定要依法处置、以儆效尤,这才是保护广大人民根本利益。

---

① 习近平:《论坚持全面依法治国》,中央文献出版社 2020 年版,第 70 页。

② 习近平:《在庆祝中国人民政治协商会议成立 65 周年大会上的讲话》,载《人民日报》2014年 9 月 22 日第 2 版。

③ 参见张文显:《习近平法治思想的基本精神和核心要义》,载《东方法学》2021 年第 1 期。

2.正确区分敌我矛盾

习近平总书记强调："共产党人的斗争是有方向、有立场、有原则的，大方向就是坚持中国共产党领导和我国社会主义制度不动摇。"习近平总书记提出了斗争区分的"五个凡是"："凡是危害中国共产党领导和我国社会主义制度的各种风险挑战，凡是危害我国主权、安全、发展利益的各种风险挑战，凡是危害我国核心利益和重大原则的各种风险挑战，凡是危害我国人民根本利益的各种风险挑战，凡是危害我国实现'两个一百年'奋斗目标、实现中华民族伟大复兴的各种风险挑战"。[①] 对于这些挑战，一方面，我们要坚守底线，旗帜鲜明，必须进行有效应对，而且必须取得胜利。另一方面，还要注意讲究方式方法，充分发挥法治的功能，利用法治的手段，依法依程序给予应有的制裁，防止授人以柄。[②] 总之，对敌我矛盾，我们要斗争，更要善于斗争。

六、政策与法律的关系

政策和法律是最重要的两种社会调整方式，二者的关系是法治理论和实践的重要范畴。中国共产党作为执政党，必然需要制定各项政策、路线、方针来统筹社会、经济建设。政策在宗旨上的概括性和鲜明性，在制定上的迅速性和灵活性，在执行上的便利性和有效性等优点，决定了它始终是我们党治国理政的重要手段。邓小平同志说："拿我们党来讲，革命战争时期，主要是靠政策办事，注重的是政策，没有依法办事的习惯。"[③] 彭真同志也指出："我们过去办事依方针、政策、纲领是完全对的，是适合情况的。目前我们已经颁布了宪法，如再按过去那样办事就不够了。必须加强法制，完备我们的法律，才能保障社会主义建设的顺利进行。"[④] 政策和法律各有自己的优势，各有自己的调整方式和范围。但是由于历史和现实的多种原因，无论在观念上，

---

① 《习近平谈治国理政（第三卷）》，外文出版社 2020 年版，第 226 页。
② 江必新：《习近平法治思想的逻辑体系与理论特征》，载《求索》2021 年第 2 期。
③ 《邓小平文选（第二卷）》，人民出版社 1994 年版，第 321 页。
④ 中共中央文献研究室：《邓小平思想年谱》，中央文献出版社 1998 年版，第 122 页。

还是在实践中，混淆政策与法律的界限、重政策轻法律甚至用"土政策"取代法律和冲击法律等现象依然存在，构成了依法执政、依法治国、依法行政、依法管理社会的障碍。同时，社会上也存在"法律万能论"，否定党的政策和其他社会规范的价值和作用。观念和理论上出现混乱，实践中就会发生错误。习近平总书记阐释了二者的关系，具体包括：

（一）政策与法律具有目的和价值的内在统一性

政策和法律在指导思想以及为之服务的经济基础、政治制度和根本任务等方面的高度一致，决定了法律和政策都是执政党执政的重要依据，也决定了两者之间密不可分的相互依存关系。在我国，政策和法律在最根本的价值层面是统一的，都以人民利益和社会主义事业为目标。习近平总书记深刻指出："我们党的政策和国家法律都是人民根本意志的反映，在本质上是一致的。"①党的政策和法律，在根本价值上是一致的，都服务于人民和社会主义事业。

（二）政策与法律协调互补

习近平总书记强调必须正确认识和处理政策与法律的关系，党的政策是国家法律的先导和指引，是立法的依据和执法、司法的重要指导。要善于通过法定程序使党的主张成为国家意志、形成法律，通过法律保障党的政策有效实施，确保党发挥总揽全局、协调各方的领导核心作用。党的政策成为国家法律后，实施法律就是贯彻党的意志，依法办事就是执行党的政策。一方面，政策是国家法律的先导和指引，是立法的依据和执法司法的重要指导。另一方面，通过法律保障政策有效实施，从而实现政策和法律的融合。

（三）处理好政策与法律的关系要做好二者的统一实施工作

政策与法律有着各自不同的价值追求，差异也较为明显。政策更具便宜性和灵活性，法律讲求稳定性和规范性。面对纷繁多变的国内外形势，执政党必须与时俱进，及时制定各种针对性强的政策。而法律具有滞后性，难以及时应对变动不羁的现实，二者之间难免出现冲突。要自觉维护党的政策和国家法律的权威性，确保党的政策和国家法律得到统一正确实施，不能把两

---

① 中共中央文献研究室编：《习近平关于全面依法治国论述摘编》，中央文献出版社 2015 年版，第 20 页。

者对立起来、割裂开来。如果两者之间出现矛盾，就要努力做好统一正确实施工作。在统一实施中，要坚持从实际出发、稳慎及时的原则，进行政策调整或者法律的相应修改，达成最佳效果。

七、有法可依与良法善治的关系

有法可依、良法善治都是法治中国建设的两个重要范畴。关于有法可依和良法善治，习近平总书记有大量富有哲理、思辩性的论述。具体包括：

（一）有法可依是良法善治的前提

一方面，实现良法善治，需要有法可依。全面推进依法治国，必须坚持科学立法。依法治国，首先要有法可依。从这个意义而言，有法可依是实现依法治国、良法善治的基础。有法可依解决的是法律有无、多少的问题，而良法善治侧重于法律施行的效果，体现国家治理现代化的本质要求。二者是量和质的关系。有法可依，是社会主义法治建设的前提和重点。党的十一届三中全会提出了社会主义法制建设的"十六字方针"，即有法可依，有法必依、执法必严、违法必究。党的十五大报告提出，到 2010 年基本形成中国特色社会主义法律体系。党的十七大提出，完善中国特色社会主义法律体系。2011 年 3 月，全国人大常委会工作报告宣布，中国特色社会主义法律体系基本形成。经过长期努力，我们形成了中国特色社会主义法律体系，国家生活和社会生活各方面总体上实现了有法可依。实现了有法可依，并不必然意味着实现了良法。习近平总书记深刻指出："现在，我们国家和社会生活各方面总体上实现了有法可依，这是我们取得的重大成就。同时，我们也要看到，实践是法律的基础，法律要随着实践发展而发展。转变经济发展方式，扩大社会主义民主，推进行政体制改革，保障和改善民生，加强和创新社会管理，保护生态环境，都会对立法提出新的要求。"① 立法工作永无止境，完善中国特色社会主义法律体系任务依然任重道远。

另一方面，实现良法善治，需要良法。从有法可依到良法，从良法到善

---

① 习近平：《论坚持全面依法治国》，中央文献出版社 2020 年版，第 19 页。

治，是法治中国建设提高国家治理体系和治理能力现代化的必由之路。在实现整体有法可依的背景下，法治的重心应当从有法可依转向提高法规规范的质量和立法的科学性，实现良法之治的飞跃。良法主要是从立法角度出发，要求有制定完备严密、合乎社会发展客观规律，符合公平、正义、自由、平等、民主、人权、秩序、安全等价值要求，依照法定程序制定和颁布的实在法。① 良法是实质合理性和形式合理性的统一。其实现有赖于以下途径：

1. 提高立法质量

习近平总书记高度关注立法的质量，他多次强调："人民群众对立法的期盼，已经不是有没有，而是好不好、管用不管用、能不能解决实际问题；不是什么法都能治国，不是什么法都能治好国；越是强调法治，越是要提高立法质量。"② 我们在立法领域面临着一些突出问题，比如，立法质量需要进一步提高，有的法律法规全面反映客观规律和人民意愿不够，解决实际问题有效性不足，针对性、可操作性不强；立法效率需要进一步提高。要抓住提高立法质量这个关键，深入推进科学立法、民主立法，完善立法体制和程序，努力使每一项立法都符合宪法精神、反映人民意愿、得到人民拥护。提高立法质量的根本遵循是科学立法、民主立法。习近平总书记提出："推进科学立法、民主立法，是提高立法质量的根本途径。科学立法的核心在于尊重和体现客观规律，民主立法的核心在于为了人民、依靠人民。要完善科学立法、民主立法机制，创新公众参与立法方式，广泛听取各方面意见和建议。"③ 每一项立法，要符合宪法精神，反映人民意愿，得到人民拥护，这是高质量立法的评判标准。

2. 提高立法效能

首先，立法要破除地方主义、本位主义。不要囿于自己那些所谓利益，更不要因此对立法工作形成干扰。要想明白，国家和人民整体利益再小也是大，部门、行业等局部利益再大也是小。其次，立法要兼顾质量和效率。要

---

① 江必新、程琥：《论良法善治原则在法治政府评估中的应用》，载《中外法学》2018年第6期。

② 习近平：《论坚持全面依法治国》，中央文献出版社2020年版，第20页。

③ 习近平：《论坚持全面依法治国》，中央文献出版社2020年版，第95页。

坚持问题导向，提高立法的针对性、及时性、系统性、可操作性，发挥立法引领和推动作用。比如，民生立法既要关注涉及人民群众切身利益的重要领域，又要关注人民群众日常生活某些事项的立法，以小切口解决大问题。

3. 加强重点领域立法

习近平总书记强调："加强人工智能相关法律、伦理、社会问题研究，建立健全保障人工智能发展的法律法规、制度体系、伦理道德。"[①] 习近平总书记还对人工智能、基因编辑、医疗诊断、自动驾驶、无人机、服务机器人等领域提出了"加快推进相关立法工作"的要求。

（二）良法善治是有法可依的目的

党的十九大明确提出，推进科学立法、民主立法、依法立法，以良法促进发展、保障善治。良法是法治的本质特征，善治是法治的价值所在。良法是法治的价值标准和理性追求，善治是法治的运作模式和实现方式。良法善治的有机结合，构成了现代法治，尤其是社会主义法治的精神和骨髓。[②] 有法可依是实现良法善治的前提，良法善治是有法可依的目的。无法可依，良法善治将成为纸上的建筑，空中的楼阁，无法落地。没有良法善治，有法可依也将成为无源之水，失去生命力。二者相辅相成，共同构成了法治中国的价值目标和根本要求。

八、法治与经济的关系

党的十八大以来，习近平总书记关于我国经济发展的系列重要讲话，形成了完整的经济思想体系和理论架构，创立了习近平经济思想。习近平总书记深刻分析了法治与经济的关系，具体包括：

（一）揭示了法治与经济的本质关系

社会主义市场经济是信用经济、法治经济。市场经济的高效率就在于价值规律、竞争规律、供求规律的作用，但发挥市场经济固有规律的作用和维

---

① 中共中央党史和文献研究院编：《习近平关于防范风险挑战、应对突发事件论述摘编》，中央文献出版社 2020 年版，第 79 页。

② 李林：《大力弘扬"良法善治"的法治精神》，载《法制日报》2007 年 8 月 31 日第 3 版。

护公平竞争、等价交换、诚实守信的市场经济基本法则，需要法治上的保障。法治经济的本质要求就是把握规律、尊重规律。各级领导干部要提高透过现象看本质的本领，深入把握经济规律、社会规律、自然规律，使对经济工作的领导更加自觉、更加有效。

（二）阐释了法治与经济的辩证关系

生产力和生产关系、经济基础和上层建筑之间的矛盾，构成人类社会基本矛盾的历史运动。法治和经济密不可分，一方面，市场经济是法治的基础。"法治的社会物质关系基础是市场经济，法治本身是经济关系变革与法律关系变革相互作用的产物。"[①]法治从属于上层建筑的范畴，必然受制于经济基础，体现经济发展的要求。另一方面，法治是市场经济存续和发展不可或缺的基础性条件。市场经济对法治的需求是由市场经济自身的性质所决定的：市场经济内在地需要规则和秩序，内在地需要公平和正义，内在地需要和平和理性，内在地需要普适而明确的准则和稳定的预期，内在地需要平等、自由、公开、公正的空间和条件。[②]法治对于经济运行不仅是一种思维和理念，更是一种运行的秩序和模式，法治经济将会使经济运行变得更有效率，更加公平。法治对经济的作用具体体现在：

1. 法治对经济具有引领作用

一是法治对防范经济社会领域的风险具有引领作用。我们面临的风险挑战之严峻前所未有。这些风险挑战，有的来自国内，有的来自国际，有的来自经济社会领域，有的来自自然界。法治是提高国家治理体系和治理能力现代化水平、抵御风险、应对风险最有力的武器。

二是法治对建设现代化经济体系具有引领作用。加快建设创新型国家，建设现代化经济体系的第一动力是创新。不管是深化科技体制改革，建立以企业为主体、市场为导向、产学研深度融合的技术创新体系，还是加强对中小企业创新的支持，促进科技成果转化，或是激发和保护企业家精神，鼓励更多社会主体投身创新创业，都毫无例外需要法律准确反映经济社会发展要

---

① 张盾：《马克思唯物史观视域中的法治问题》，载《中国社会科学》2021年第2期。
② 江必新：《全面推进依法治国战略研究》，人民法院出版社、商务印书馆2017年版，第143页。

求，更好协调利益关系，发挥立法的引领和推动作用。

三是法治对贯彻新发展理念，实现经济从高速增长转向高质量发展具有引领作用。发展是第一要务。发展必须坚持以法治为引领。习近平总书记以党中央处理甘肃祁连山国家级自然保护区生态环境问题为例，有力驳斥了"发展要上、法治要让"的错误观点。

2. 法治对经济具有保障作用

在人类文明发展史上，除了中国特色社会主义制度和国家治理体系外，没有任何一种国家制度和国家治理体系能够在这样短的历史时期内创造出我国取得的经济快速发展、社会长期稳定这样的奇迹。无论是经济快速发展还是社会长期稳定，都有力证明了法治是国家治理体系和治理能力的重要依托，社会主义法治是我国制度之治最基本最稳定最可靠的保障。

一是法治保障社会主义基本经济制度。公有制为主体、多种所有制经济共同发展的基本经济制度，是中国特色社会主义制度的重要支柱，也是社会主义市场经济体制的根基。习近平总书记强调："我们致力于为非公有制经济发展营造良好环境和提供更多机会的方针政策没有变！我国基本经济制度写入了宪法、党章，这是不会变的，也是不能变的。"[1]法治不仅具有为现代经济社会的发展保驾护航的工具性作用，从现实情况和发展趋势观察看来，法治也是现代经济社会发展的内生性力量。[2]以《民法典》为例，《民法典》把我国多年来实行社会主义市场经济体制和加强社会主义法治建设取得的一系列重要制度成果用法典的形式确定下来，规范经济生活和经济活动赖以依托的财产关系、交易关系，对坚持和完善社会主义基本经济制度、促进社会主义市场经济繁荣发展具有十分重要的意义。

二是法治是最好的营商环境。习近平总书记多次指出要建立市场化、法治化、国际化的营商环境。中国将不断完善市场化、法治化、国际化的营商环境，放宽外资市场准入，继续缩减负面清单，完善投资促进和保护、信息报告等制度。中国将营造尊重知识价值的环境，完善知识产权保护法律体系，大力强化相关执法，增强知识产权民事和刑事司法保护力度。各类市场主体

---

① 习近平：《在民营企业座谈会上的讲话》，载《人民日报》2018 年 11 月 2 日第 2 版。
② 江必新、邵长茂：《贯彻五大发展理念的法治保障》，载《现代法学》2016 年第 6 期。

最期盼的是平等法律保护，要把平等保护贯彻到立法、执法、司法、守法等各个环节，依法平等保护各类市场主体产权和合法权益。要打破各种各样的"卷帘门""玻璃门""旋转门"，在市场准入、审批许可、经营运行、招投标、军民融合等方面，为民营企业打造公平竞争环境，给民营企业发展创造充足市场空间。

三是法治也是经济特区发展的重要保障。习近平总书记深刻指出："深圳等经济特区40年改革开放实践，创造了伟大奇迹，积累了宝贵经验，深化了我们对中国特色社会主义经济特区建设规律的认识……七是必须坚持科学立法、严格执法、公正司法、全民守法，使法治成为经济特区发展的重要保障。"①

综上，法治是经济发展的保护器和稳压阀，要保持我国经济社会长期持续健康发展势头，就必须紧密结合全面深化改革工作部署，夯实党和国家长治久安的法治基础。

3. 法治对经济具有促进作用

习近平总书记多次强调以高质量立法促进经济发展。要以立法高质量发展保障和促进经济持续健康发展。要适应新时代构建开放型经济新体制的需要，制定统一的外资基础性法律。对改革开放先行先试地区相关立法授权工作要及早作出安排。知识产权保护、生物安全、土地制度改革、生态文明建设等方面的立法项目要统筹考虑，立改废释并举。地方人大及其常委会要按照党中央关于人大工作的要求，围绕地方党委贯彻落实党中央大政方针的决策部署，结合地方实际，创造性地做好立法、监督等工作，更好助力经济社会发展和改革攻坚任务。还要加强关键领域、涉及经济社会全局的任务的立法。要加强重点领域立法，及时反映党和国家事业发展要求、人民群众关切期待，对涉及全面深化改革、推动经济发展、完善社会治理、保障人民生活、维护国家安全的法律抓紧制定、及时修改。要加快科技安全预警监测体系建设，围绕人工智能、基因编辑、医疗诊断、自动驾驶、无人机、服务机器人等领域，加快推进相关立法工作。

---

① 《深圳经济特区建立40周年庆祝大会隆重举行 习近平发表重要讲话》，载《人民日报》2020年10月15日第1版。

4. 法治对经济具有规范作用

在科学、合理厘定政府和市场关系中，法治是最重要的手段和方式。要用法治来规范政府和市场的边界，尊重市场经济规律，通过市场化手段，在法治框架内调整各类市场主体的利益关系。

一是用法治优化政府职责、完善制度环境。完善政府经济调节、市场监管、公共服务、生态环境保护等职能，实行政府权责清单制度，厘清政府和市场、政府和社会关系。

二是用法治规范政府行为。深入推进简政放权、放管结合、优化服务，深化行政审批制度改革，改善营商环境，激发各类市场主体活力。落实行政执法责任制，加强执法监督，坚决排除对执法活动、经济活动的干预，防止和克服地方和部门保护主义。

三是用法治规范市场主体。健全法规制度、标准体系，加强社会信用体系建设，制裁不诚信行为。企业家要同方方面面打交道，调动人、财、物等各种资源，没有诚信寸步难行。由于种种原因，一些企业在经营活动中还存在不少不讲诚信甚至违规违法的现象。《民法典》不仅将诚信作为基本原则加以规定，而且还在很多条款中体现了对不诚信行为的制裁。

在处理法治与经济的关系中，要注意法治经济对党的领导的要求。法治经济要求实现党对社会经济工作领导的法治化。建立健全完备的法律法规体系，是实现党对经济工作领导法治化的基础和前提；改革和完善决策机制，是实现党对经济工作领导法治化的关键；强化执法监督，是实现党对经济工作领导法治化的有力保障；提高全民特别是各级领导干部的法律素质，是实现党对经济工作领导法治化的根本所在。

九、法治与社会秩序和稳定的关系

习近平总书记对法治与社会的关系，论述颇多，学界也进行了较为深入、系统的研究。① 习近平总书记关于法治与社会秩序和稳定的论述，要义如下：

① 例如，张文显：《习近平法治思想研究（上）》，载《法制和社会发展》2016 年第 2 期。徐汉明：《习近平社会治理法治思想研究》，载《法学杂志》2017 年第 10 期。

（一）习近平总书记关于法治与社会建设关系的重要创新

1. 创新提出法治社会

习近平总书记提出"和谐社会本质上是法治社会"。他强调："要全面推进法治社会建设……努力建设办事有法可依、公民知法守法、各方依法办事的法治社会。"① 习近平总书记关于"和谐社会本质上是法治社会"的重要论断，深刻揭示了法治和社会的根本联系。社会先于国家与政府而存在，没有社会的良好发育与自治，便没有国家与政府层面的良善治理。加强和创新社会治理，是建设法治中国，实现国家治理现代化的必然要求。加强和创新社会治理，应坚持法治理念、法治思维、法治方式全程运用，法治宣传、法治教育、法治实践联动集成，法治环境、法治氛围、法治文化协同建设。

2. 创新提出社会治理法治化

党的十八届五中全会明确提出加快建设法治经济和法治社会，把经济社会发展纳入法治轨道。社会治理法治化是习近平总书记提出的新概念、新范畴。治理意味着变化，包括政府含义的变化，它指向新的治理过程，新的治理规则，治理社会的新方式。② 从管理到治理，一字之差，体现的是系统治理、依法治理、源头治理、综合施策。

3. 创新提出法治国家、法治政府、法治社会一体建设

法治国家、法治政府、法治社会一体建设，揭示出现代法治的普遍规律，即不仅要建设一个法治国家，还要建设一个法治社会，建设法治中国。③ 这指明了法治社会建设在全面推进依法治国中的重要地位和作用，丰富和发展了马克思主义法学思想和中国特色社会主义法治理论。习近平总书记揭示了三者的关系："法治国家是法治建设的目标，法治政府是建设法治国家的主体，法治社会是构筑法治国家的基础。"④

---

① 习近平：《干在实处 走在前列——推进浙江新发展的思考与实践》，中共中央党校出版社2006年版，第392页。

② "治理"（governance）一词可源自希腊语中的"掌舵"（kubernan）。1979年，著名经济学家威廉姆森撰写了名著《交易成本经济学：契约关系的治理》，之后公司治理的法律经济学研究者开始关注治理。治理包括治理结构、治理过程、治理机制。治理结构是指正式和非正式的制度，是由规则组成的体系，是多层次、非科层、一系列的规章制度。

③ 张文显：《习近平法治思想的理论体系》，载《法制和社会发展》2021年第1期。

④ 习近平：《加强党对全面依法治国的领导》，载《求是》2019年第4期。

（二）正确处理活力与秩序、维稳与维权的关系

活力和秩序二者的关系是新时代改革、发展与稳定关系的集中体现。[①]活力和秩序的问题，究其实质是改革和发展中，各种社会关系、社会利益的交织和博弈。习近平总书记用卓越的治国理政智慧、高超的辩证思维阐述了二者的关系。习近平总书记指出："社会治理是一门科学，管得太死，一潭死水不行；管得太松，波涛汹涌也不行。"如何处理好活力与秩序的关系？习近平总书记指出，要讲究辩证法，既要社会生机勃勃又要并然有序，"既充分发挥市场在资源配置中的决定性作用，又更好发挥政府作用"[②]，避免"一管就死、一放就乱"的现象，实现活力和秩序共存，达成活力和秩序互动。

要处理好活力和秩序的关系，坚持系统治理、依法治理、综合治理、源头治理，发动全社会一起来做好维护社会稳定工作。系统治理、综合治理、依法治理、源头治理，这是处理活力和秩序的十六字方针。十六字方针中，重点是依法治理。和谐社会在本质上就是法治社会，依法化解矛盾，对于维护社会稳定，极为重要。要坚持在法治轨道上统筹社会力量、平衡社会利益、调节社会关系、规范社会行为，依靠法治解决各种社会矛盾和问题。

实现依法治理，还要处理好维稳与维权的关系。维稳与维权的关系是新时期权利、秩序与法治关系的集中体现。习近平总书记用马克思主义辩证方法、深厚的人民情怀，深刻揭示了维稳和维权的实质关系，提出了维权是根本问题，法治是根本解决方法的维稳观。

1. 维权是维稳的基础

从人民内部和社会一般意义上讲，维权是维稳的基础，维稳的实质是维权。对涉及维权的维稳问题，首先要把群众合理合法的利益诉求解决好。单纯维稳，不解决利益问题，那是本末倒置，最后也难以稳定下来。我国正处在改革攻坚期、社会转型期和矛盾凸显期叠加的特殊历史阶段，利益格局深刻调整，各种关系错综复杂，群众诉求日益多样，社会治理面临许多新情况新问题新挑战。土地征用、房屋拆迁、劳资纠纷、治安管理、环境污染、医

---

① 江必新：《习近平法治思想的逻辑体系与理论特征》，载《求索》2021 年第 2 期。

② 习近平：《坚持和完善中国特色社会主义制度 推进国家治理体系和治理能力现代化》，载《求是》2020 年第 1 期。

患纠纷及社会保障等方面问题不同程度存在，特别是出现矛盾纠纷后，有的群众往往不愿通过法律程序解决，越级上访、聚众上访甚至缠访闹访现象时有发生，成为社会稳定面临的突出难题。习近平总书记关于维稳就要维权的论述，指出了解决维稳问题的关键。要坚持以人民为中心的理念，从人心安定的角度，以利益为关键，维护当事人的合法权益，方能解开当事人的心结。

2. 法治是根本解决方法

一是解决维稳的根本途径是法治。习近平总书记指出："不全面依法治国，国家生活和社会生活就不能有序运行，就难以实现社会和谐稳定。"[1]

二是解决维稳的关键是保障权益。要完善对维护群众切身利益具有重大作用的制度，强化法律在化解矛盾中的权威地位，建立健全畅通有序的诉求表达、矛盾调处、权益保障、心理干预机制，解决好人民最关心最直接最现实的利益问题，使群众由衷感到权益受到了公平对待、利益得到了有效维护。

三是解决维稳的重心是机制建设。一方面，不能简单依靠打压管控、硬性维稳，还要重视疏导化解、柔性维稳，注重动员组织社会力量共同参与、发动全社会一起来做好维护社会稳定工作。另一方面，构建对维护群众利益具有重大作用的制度体系，建立健全社会矛盾预警机制、利益表达机制、协商沟通机制、救济救助机制，畅通群众利益协调、权益保障法律渠道。重点是改革、优化信访制度，实现合法、合理信访。

（三）正确处理好专项重点治理与综合治理的关系

专项重点治理与综合治理都是社会治理的重要范畴。综合治理要求政府与社会之间的共治，激活法治的潜在能量，提供完备的制度供给。综合治理下，法治社会建设主体，由单一的国家公共权力主体向党委、政府、社会组织、居民自治组织、公民的多元主体合作共治转变；法治社会建设的动力，由"计划型、政府主导型"向"国家主导、政府推动、社会参与"三方合力推进转变；法治社会建设的手段，由单一向多元转变，强调道德约束，运用多种方式解决利益冲突，强调通过平等对话、沟通、协商、调解等方式化解社会矛盾。

---

[1] 习近平：《论坚持全面依法治国》，中央文献出版社 2020 年版，第 144 页。

专项重点治理侧重于专门治理。习近平总书记对专项重点治理，有颇多论述。一是对重点行业、重点区域的重点治理。习近平总书记指出："环境保护和治理要以解决损害群众健康突出环境问题为重点，坚持预防为主、综合治理，强化水、大气、土壤等污染防治，着力推进重点流域和区域水污染防治，着力推进重点行业和重点区域大气污染治理。"① "对危害食品药品安全、环境污染等重大问题……对枪支弹药、易燃易爆等重点物品，要强化治理和管理。"② 习近平总书记一直关注农业、农村、农民。他强调："依法严厉打击危害农村稳定、破坏农业生产和侵害农民利益的违法犯罪活动。"③ 二是对人民群众意见比较集中的问题的重点治理。习近平总书记指出，人民群众对执法乱作为、不作为以及司法不公的意见比较集中，这要成为我们厉行法治的聚焦点和发力点。执法不作为、乱作为等问题仍时有发生，有的甚至办关系案、当"保护伞"，社会影响恶劣。对这些问题，要下大力气集中整治。三是对黑恶势力、保护伞的重点治理。习近平总书记深刻指出："黑恶势力是社会毒瘤，严重破坏经济社会秩序，侵蚀党的执政根基。要咬定三年为期目标不放松，分阶段、分领域地完善策略方法、调整主攻方向，保持强大攻势。要紧盯涉黑涉恶重大案件、黑恶势力经济基础、背后'关系网''保护伞'不放，在打防并举、标本兼治上下真功夫、细功夫，确保取得实效、长效。"④ 特别是对农村黑恶势力，要集中整治、重拳出击。他强调："要推动扫黑除恶常态化，坚决打击黑恶势力及其'保护伞'，让城乡更安宁、群众更安乐。"⑤ 专项重点治理和综合治理是辩证统一的。专项重点治理是重点行业、重点区域、重点问题的集中治理，和综合治理是特殊与普遍，重点和一般的关系，二者同属于社会治理，都是社会治理的重要方面。

综上，要整体谋划、系统推进法治社会建设，正确处理好活力与秩序的关系、维稳与维权的关系、专项重点治理与综合治理的关系，做到宏观调控有度，微观主体有活力，综合治理有效。

---

① 《习近平谈治国理政（第一卷）》，外文出版社 2014 年版，第 209 页。
② 《习近平关于总体国家安全观论述摘编》，中共中央党史和文献研究院 2018 年版，第 135 页。
③ 习近平：《论坚持全面依法治国》，中央文献出版社 2020 年版，第 192 页。
④ 习近平：《论坚持全面依法治国》，中央文献出版社 2020 年版，第 248 页。
⑤ 习近平：《论坚持全面依法治国》，中央文献出版社 2020 年版，第 5 页。

十、法治与国家治理现代化的关系

党的"现代化"一词，主要指农业、工业、国防、科技等物质层面的现代化。[①] 党的十八届三中全会《中共中央关于全面深化改革若干重大问题的决定》指出，新时代全面深化改革的总目标是"完善和发展中国特色社会主义制度，推进国家治理体系和治理能力现代化"。党的十八届四中全会《中共中央关于全面推进依法治国若干重大问题的决定》进一步明确，全面推进依法治国的总目标是"坚持中国特色社会主义法治道路，建设中国特色社会主义法治体系，建设社会主义法治国家"。这两个"总目标"间的关系就是法治与现代化的关系。[②] 习近平总书记精辟地指出了法治的精髓和要旨对于各国国家治理和社会治理具有普遍意义，揭示了法治现代化和国家治理现代化的关系，丰富发展了马克思主义国家与法的理论。具体包括：

（一）法治体系是国家治理体系的骨干工程

国家治理体系是在党领导下管理国家的制度体系，包括经济、政治、文化、社会、生态文明和党的建设等各领域体制机制、法律法规安排，也就是一整套紧密相连、相互协调的国家制度。中国特色社会主义法治体系是推进全面依法治国的总抓手。中国特色社会主义法治体系是中国特色社会主义制度的法律表现形式。因此，法治体系是国家治理体系的重要组成部分，是国家治理体系的骨干工程。建设中国特色社会主义法治体系、建设社会主义法治国家是实现国家治理体系和治理能力现代化的必然要求，也是全面深化改革的必然要求，有利于在法治轨道上推进国家治理体系和治理能力现代化，有利于在全面深化改革总体框架内全面推进依法治国各项工作，有利于在法治轨道上不断深化改革。

[①] 参见张文显：《新时代中国社会治理的理论、制度和实践创新》，载《法商研究》2020 年第 2 期。

[②] 参见江国华：《习近平全面依法治国新理念新思想新战略的学理阐释》，载《武汉大学学报（哲学社会科学版）》2021 年第 1 期。

（二）在法治轨道上推进国家治理体系和治理能力现代化

一个现代化国家必然是法治国家。法治和国家治理现代化密不可分，法治现代化是国家治理现代化的核心。在法治轨道上推进国家治理体系和治理能力现代化是国家治理现代化的必然要求。

1. 坚持全面依法治国是中国特色社会主义国家制度和国家治理体系的显著优势

中国特色社会主义实践向前推进一步，法治建设就要跟进一步。我国社会主义法治凝聚着我们党治国理政的理论成果和实践经验，是制度之治最基本最稳定最可靠的保障。法治支撑中国之治，法治和国家治理现代化密不可分，因此，习近平总书记强调："推进国家治理体系和治理能力现代化，当然要高度重视法治问题，采取有力措施全面推进依法治国，建设社会主义法治国家，建设法治中国。在这点上，我们不会动摇。"[①] 国家治理现代化是以国家制度和法律制度建设为核心的规范化、民主化、法治化的过程。[②] 所以，要坚持在法治轨道上推进国家治理体系和治理能力现代化。只有全面依法治国，充分发挥法治的优势，才能有效保障国家治理体系的系统性、规范性、协调性，才能最大限度凝聚社会共识。

2. 法治是实现国家治理现代化的保障

在党的十八届四中全会第一次全体会议上，习近平总书记提出："法律是治国之重器，法治是国家治理体系和治理能力的重要依托。"[③] 这一论断，深刻揭示了法治对于推动国家治理现代化的重要保障作用。法治要服务于国家治理现代化。法治建设的中长期目标，要统筹考虑国际国内形势、法治建设进程和人民群众法治需求，同推进国家治理体系和治理能力现代化的要求相协同。全面推进依法治国，必须从我国实际出发，同推进国家治理体系和治理能力现代化相适应，既不能罔顾国情、超越阶段，也不能因循守旧、墨守成规。以宪法修改为例，宪法的修改契合了推进国家治理体系和治理能力现代

---

① 中共中央文献研究室编：《习近平关于全面依法治国论述摘编》，中央文献出版社 2015 年版，第 3 页。

② 公丕祥：《习近平的法治与国家治理现代化思想》，载《法商研究》2021 年第 2 期。

③ 习近平：《关于〈中共中央关于全面推进依法治国若干重大问题的决定〉的说明》，载《〈中共中央关于全面推进依法治国若干重大问题的决定〉辅导读本》，人民出版社 2014 年版，第 42 页。

化的要求，党中央决定对宪法进行适当修改是经过反复考虑、综合方方面面情况作出的，目的是在保持宪法连续性、稳定性、权威性的前提下，通过修改使我国宪法更好体现人民意志，推进全面依法治国，推进国家治理体系和治理能力现代化，为新时代坚持和发展中国特色社会主义提供宪法保障。现行的1982年《宪法》，每一次修宪、每一条修正案都是对宪法本身的重大完善，亦是对国家治理制度的法制化和定型化。实践证明，通过宪法法律确认和巩固国家根本制度、基本制度、重要制度，并运用国家强制力保证实施，保障了国家治理体系的系统性、规范性、协调性、稳定性。

又如，确保人民群众生命安全和身体健康，是我们党治国理政的一项重大任务。这次抗击新冠疫情，是对国家治理体系和治理能力的一次大考。习近平总书记指出："依法科学有序防控至关重要……各级党委和政府要全面依法履行职责，坚持运用法治思维和法治方式开展疫情防控工作，在处置重大突发事件中推进法治政府建设，提高依法执政、依法行政水平。"[①] 习近平总书记在疫情防控总结中，强调了下一步的五个重点工作：其一，强化公共卫生法治保障；其二，改革完善疾病预防控制体系；其三，改革完善重大疫情防控救治体系；其四，健全重大疾病医疗保险和救助制度；其五，健全统一的应急物资保障体系。可以看出，五个重点工作都须臾离不开法治。新中国成立70多年来，我国创造出的经济快速发展、社会长期稳定"两大奇迹"，正是坚持依法应对重大挑战、抵御重大风险、克服重大阻力、解决重大矛盾的成果。

3. 法治是提升国家治理体系和治理能力现代化效能的重要方式

随着时代发展和改革推进，国家治理现代化对科学完备的法律规范体系的要求越来越迫切。我们要在坚持好、完善好已经建立起来并经过实践检验有效的根本制度、基本制度、重要制度的前提下，聚焦法律制度的空白点和冲突点，统筹谋划和整体推进立改废释各项工作。国家治理现代化的最高境界是良法善治。从这个意义而言，法治每向前一步，国家治理现代化就前进了一步。例如，习近平总书记高度评价了《民法典》的重大意义："民法

---

① 习近平：《论坚持全面依法治国》，中央文献出版社2020年版，第269~271页。

典……对推进全面依法治国、加快建设社会主义法治国家，对发展社会主义市场经济、巩固社会主义基本经济制度，对坚持以人民为中心的发展思想、依法维护人民权益、推动我国人权事业发展，对推进国家治理体系和治理能力现代化，都具有重大意义。"①

处理好法治与国家现代化的关系，还要提升国家治理能力法治化水平。国家治理能力提升也就是提高运用国家制度管理社会各方面事务的能力。习近平总书记提出："必须适应国家现代化总进程，提高党科学执政、民主执政、依法执政水平，提高国家机构履职能力，提高人民群众依法管理国家事务、经济社会文化事务、自身事务的能力，实现党、国家、社会各项事务治理制度化、规范化、程序化，不断提高运用中国特色社会主义制度有效治理国家的能力。"②

十一、发展与安全的关系

我国正处于"两个一百年"奋斗目标的历史交汇期。特殊的历史转型期，决定了我国正处于各类矛盾的多发、易发、高发期。"风险""发展""安全"是习近平总书记的高频词汇。习近平总书记在全面依法治国工作上的讲话，仅仅"风险"一词，就出现了四次。习近平总书记深刻阐发了发展与安全的辩证关系，是我们正确处理发展与安全关系的根本遵循。具体包括：

（一）安全是发展的保障，发展是安全的目的

安全和发展不可分，习近平总书记指出："树牢安全发展理念，绝不能只重发展不顾安全，更不能将其视作无关痛痒的事，搞形式主义、官僚主义。"安全和发展是一体之两翼、驱动之双轮。安全是发展的保障，发展是安全的目的。一方面，安全是发展的保障。习近平总书记指出："这 100 多年全人类的共同愿望，就是和平与发展。"③安全是发展的前提和保障，一个战祸频仍的

---

① 习近平：《论坚持全面依法治国》，中央文献出版社 2020 年版，第 278~279 页。
② 习近平：《完善和发展中国特色社会主义制度 推进国家治理体系和治理能力现代化》，载《人民日报》2014 年 2 月 18 日第 1 版。
③ 《习近平谈治国理政（第二卷）》，外文出版社 2020 年版，第 538 页。

国家，是难以实现人心安定、经济发展的。2020 年，突如其来的新冠疫情，更证明了安全的弥足珍贵。习近平总书记多次强调要坚持总体国家安全观，居安思危，主动求变，应对各种风险和挑战。2013 年、2014 年，习近平总书记多次批示，要求建立"平安中国"，"全力推进平安中国、法治中国、过硬队伍建设……保证中国特色社会主义事业在和谐稳定的社会环境中顺利推进。"①只有聚精会神搞建设，一心一意图发展，将发展建立在安全的基石上，才有可能实现高质量、连续发展。只有坚持底线思维，提高综合国力，才能有实力应对国内外各种风险挑战。从这个意义而言，安全也是竞争力。国家主权、经济安全是实现真正发展的必要条件。另一方面，发展是安全的目的。习近平总书记多次强调，发展是解决我国现阶段所有问题的关键。始终不渝地坚持高质量发展道路，才能筑牢国家繁荣富强、人民幸福安康、社会和谐稳定的物质基础，才能实现发展依靠人民、发展成果惠及人民。

（二）要统筹发展和安全，同步推进

党的十九大报告提出，要坚持总体国家安全观。统筹发展和安全，增强忧患意识，做到居安思危，是我们党治国理政的一个重大原则。党的第十九届第五次全体会议再次提出，统筹发展和安全，建设更高水平的平安中国。党的二十大报告提出，推进国家安全体系和能力现代化，坚决维护国家安全和社会稳定。我们必须坚持统筹发展和安全，增强机遇意识和风险意识，树立底线思维，把困难估计得更充分一些，把风险思考得更深入一些，注重堵漏洞、强弱项，下好先手棋、打好主动仗，有效防范化解各类风险挑战，确保社会主义现代化事业顺利推进。

（三）法治是统筹安全和发展的重要途径

法治对促进发展、保障平安都具有不可替代的作用。一是用法治保障国家安全。健全国家安全法治体系、战略体系、政策体系、人才体系和运行机制，完善重要领域国家安全立法、制度、政策。健全国家安全审查和监管制度。二是用法治保障人民安全。把保护人民生命安全摆在首位，全面提高公共安全保障能力。完善和落实安全生产责任制，加强安全生产监管执法，有

---

① 《习近平：努力让人民在每一个司法案件中都能感受到公平正义》，载《人民日报》2013 年 1 月 8 日第 1 版。

效遏制危险化学品、矿山、建筑施工、交通等重特大安全事故，保障人民生命安全。三是用法治保障社会安全。坚持和发展新时代"枫桥经验"，深化矛盾源头治理，畅通和规范群众诉求表达、利益协调、权益保障通道，完善信访制度，完善各类调解联动工作体系，构建源头防控、排查梳理、纠纷化解、应急处置的社会矛盾综合治理机制。坚持专群结合、群防群治，加强社会治安防控体系建设，坚决防范和打击暴力恐怖、黑恶势力、新型网络犯罪和跨国犯罪，保持社会和谐稳定。

此外，统筹发展和安全，合乎逻辑地要求正确认识和处理好民主与法治、效率与公平、维稳与维权等的辩证关系。从某种程度上说，中国特色社会主义制度的强大优势正在于"发展"和"安全"的统一，[①] 中国改革开放取得的历史性成就之一是正确处理"发展"和"安全"的成果。

十二、法理情（法理事理情理）的关系

传统中国的法观念是一个复合的、多元的观念体系。一说到法，不少古代中国人很自然地就把天理、礼看成是"法上之法""法中之法"或者"情外之法"。"法不外乎人情""人情大于王法"等观念，折射的正是法理情的关系。习近平总书记汲取了传统中华法文化的精髓，对法理情的关系予以了新时代的阐释和发展。习近平总书记指出："要树立正确法治理念，把打击犯罪同保障人权、追求效率同实现公正、执法目的同执法形式有机统一起来，坚持以法为据、以理服人、以情感人，努力实现最佳的法律效果、政治效果、社会效果。"[②] 习近平总书记关于法理情关系的要义，可以概括为"三结合、三统一"。

（一）"三结合"即法理情相结合

1. 法理情有机统一

法理情有机统一，是中华法系的鲜明特色和精髓所在，"我国传统法文化作为千锤百炼的结晶，自有其灿烂价值。那种富有人情味的和谐功能、那种

---

① 张文显：《习近平法治思想的基本精神和核心要义》，载《东方法学》2021 年第 1 期。

② 习近平：《论坚持全面依法治国》，中央文献出版社 2020 年版，第 260 页。

防微杜渐的内省模式、那种因时制宜的情节理论，其实或多或少含有超时代的意义。"①法理情相统一，成为我们判断人们行为的最基本根据，从而实现实质法治，达成法理情"三位一体"。

2. 法的主导地位和情理的补充地位相统一

法理情的顺序排列在一定程度上，反映出人们对三者轻重关系的不同认识。在有些人看来，"合情"是最重要的，"合理"次之，"合法"更次。②习近平总书记将"法"置于法理情之首，明确了以法为据是法理情有机统一的基石。他指出："法律要发生作用，需要全社会信仰法律……我国是个人情社会，人们的社会关系广泛，上下级、亲戚朋友、老战友、老同事、老同学关系比较融洽，逢事喜欢讲个熟门熟道，但如果人情介入了法律和权力领域，就会带来问题，甚至带来严重问题。"③要深入开展法制宣传教育，弘扬社会主义法治精神，引导群众遇事找法、解决问题靠法，逐步改变社会上那种遇事不是找法而是找人的现象。当然，这需要一个过程，关键是要以实际行动让老百姓相信法不容情、法不阿贵，只要是合理合法的诉求，就能通过法律程序得到合理合法的结果。习近平总书记多次强调要坚决破除各种潜规则，绝不允许法外开恩，绝不允许办关系案、人情案、金钱案。法律是情理的集中体现，但不是情理的全部。在法律和情理在具体案件中发生冲突时，应当始终坚持严格依法裁判，同时兼顾情理，尽可能做到法理情的有机统一，而绝不能法外用情、法外说理。④

（二）"三统一"即法律效果、政治效果、社会效果相统一

法理情的结合统一，其实质也是法律效果、政治效果和社会效果的统一。法律效果是前提，是政治效果和社会效果的基础，即"在法律之内寻求社会效果"。在实现法律效果的基础上，兼顾情理，才能促进执法司法的效果，增强执法司法的可接受性。正如习近平总书记强调："现实生活中出现的很多问

---

① 季卫东：《中国法文化的蜕变与内在矛盾》，载李循编：《法律社会学》，中国政法大学出版社1999年版，第229页。

② 范忠信、郑定、詹学农：《情理法与中国人》，北京大学出版社2013年版，第24页。

③ 习近平：《论坚持全面依法治国》，中央文献出版社2020年版，第50页。

④ 江必新：《坚持法理情的统一，切实让人民群众感受到公平正义》，载《人民司法》2019年第19期。

题，往往同执法失之于宽、失之于松有很大关系。涉及群众的问题，要准确把握社会心态和群众情绪，充分考虑执法对象的切身感受。"① 这就要求执法司法部门，将道德要求贯彻到法治实践中，兼顾国法天理人情，增进社会和谐，达成法律效果、政治效果、社会效果有机统一。

十三、确保全面履职与监督制约权力的关系

一个社会不能没有秩序，因此需要公权力。但如何驾驭公权力，确保它不侵犯公民的私权利，这是法治所要面对的核心命题。一旦公权力缺乏有效的制约，其"恶"的一面就容易膨胀。因此，如何确保公权力机关全面履职和有效控制公权力，是公法的一个基本矛盾和核心问题。习近平总书记关于二者关系的论述，具体如下：

（一）确保全面履行职能

习近平总书记关于履职的主要论述，要点如下：

1. 依法履行职能

习近平总书记认为，能不能做到依法治国的关键，一看能不能依法执政，二看各级政府能不能依法行政。习近平总书记指出："各级政府一定要严格依法行政，切实履行职责，该管的事一定要管好、管到位。"② 依法履行职能的核心是坚持职权法定。各级政府必须依法全面履行职能，坚持法定职责必须为、法无授权不可为，勇于负责、敢于担当，坚决纠正不作为、乱作为，坚决克服懒政、怠政，坚决惩处失职、渎职。法治政府的要求是职能科学、权责法定、执法严明、公开公正、廉洁高效、守法诚信。政府机关应当在党的领导下，在法治轨道上开展工作，依法行政。

2. 全面履行职能

党的十八届四中全会提出，推进政府机构、职能、权限、程序、责任法定化，推进各级政府事权规范化、法律化。在政府的职能模块中，既有经济调节、市场监管、社会管理、公共服务、生态保护，也有社会管理、社会服

---

① 习近平：《论坚持全面依法治国》，中央文献出版社 2020 年版，第 52 页。
② 《习近平谈治国理政（第一卷）》，外文出版社 2014 年版，第 118 页。

务。政府应坚持全面的而不是片面的，系统的而不是孤立的原则，积极、全面履行职能，不能只重视管理职能，忽视服务职能。

（二）对行政权力予以监督和制约

行政机关通常实行首长负责制，权力相对集中，强调命令与服从，享有行政优益权和自由裁量权。对公权力的规范和制约，是如今各国面临的共同课题。[①]强调对公权力的监督制约，是指在中国特色社会主义制度体系内，在党的集中统一领导下，不断健全完善符合中国实际、体现中国特色的权力制约和监督体系，给权力运行"划红线"，让权力在安全线内运行，促进实现依法用权、规范用权，确保权为民所用。[②]习近平总书记对权力监督和制约作出了一系列精辟论述。

1. 权力要受制约和监督

依法治国的要害是依法治权。习近平总书记深刻指出："公权力姓公，也必须为公。只要公权力存在，就必须有制约和监督。"[③]他进而强调："权力不论大小，只要不受制约和监督，都可能被滥用。要强化制约，合理分解权力，科学配置权力，不同性质的权力由不同部门、单位、个人行使，形成科学的权力结构和运行机制。"[④]要"把权力关进制度的笼子里"[⑤]。

2. 强调有效制约和监督

习近平总书记提出了"依法设定权力、规范权力、制约权力、监督权力"[⑥]四个要求。他还指出，要强化监督，改进对领导干部特别是一把手行使权力的监督；加强领导班子内部监督、行政监察、审计监督、巡视监督；强化公开，依法公开权力运行流程，保证权力正确行使。各种监督要努力形成科学有效的权力运行和监督体系，增强监督合力和实效。

① 袁曙宏、杨伟东：《我国法治建设三十年回顾与前瞻》，载《中国法学》2009年第1期。
② 江必新：《习近平法治思想的逻辑体系与理论特征》，载《求索》2021年第2期。
③ 习近平：《论坚持全面依法治国》，中央文献出版社2020年版，第240页。
④ 中共中央文献研究室编：《习近平关于全面依法治国论述摘编》，中央文献出版社2015年版，第60页。
⑤ 习近平：《论坚持全面依法治国》，中央文献出版社2020年版，第75页。
⑥ 中共中央文献研究室编：《习近平关于全面依法治国论述摘编》，中央文献出版社2015年版，第128页。

3.强调严格问责

要严格文明公正执法，对违法行为一定要严格尺度，依法处理，做到有权必有责、用权受监督、违法必追究。

4.要加强对"关键少数"的监督

"关键少数"是各级领导干部。治国必须治党，治党必先治吏。实现中华民族的伟大复兴，建设法治中国，关键在党，关键在各级领导干部。领导干部责任越重大、岗位越重要，就越要加强监督。

确保全面履职和权力监督制约是同一事物的两个方面，在二者的关系处理中，作为公权力机关，既要全面履职，又要防止权力滥用。积极履职是第一位的。现代政府的存在，首要目的是要为国民提供服务和保障。习近平总书记强调，一方面公权力主体要全面履职，另一方面要加强对权力的监督和制约。这一论述，是积极、能动的，反对懒政、怠政，切合了现代行政的基本立场和趋势，有利于全面实现国家和政府的职能。

十四、严格执法与规范公正文明执法的关系

"科学立法、严格执法、公正司法、全民守法"是新时代法治建设的"新十六字"方针。这一方针涵盖了立法、执法、司法、守法四个主要环节。其中，严格执法是关键环节。习近平总书记对执法非常重视，有关执法的内容在党的十九大报告、《中共中央关于全面深化改革若干重大问题的决定》《中共中央关于全面推进依法治国若干重大问题的决定》《中共中央关于坚持和完善中国特色社会主义制度、推进国家治理体系和治理能力现代化若干重大问题的决定》等重要报告、决定中，都有体现。习近平总书记的"执法观"具体包括：

（一）执法地位观

行政机关是实施法律法规的重要主体。执法是把纸面上的法律变为现实生活中活的法律的关键环节，是行政机关履行政府职能、管理经济社会事务的重要方式。行政执法同基层和百姓联系最紧密，直接体现我们的执政水平。

（二）执法者必须严格执法

习近平总书记曾指出："全面推进依法治国，必须坚持严格执法。"[①] 他强调，行政机关要带头严格执法，维护公共利益、人民权益和社会秩序。执法者必须忠实于法律，既不能以权压法、以身试法，也不能法外开恩、徇情枉法。各级国家行政机关、审判机关、检察机关是法律实施的重要主体，必须担负法律实施的法定职责，坚决纠正有法不依、执法不严、违法不究现象。如果不严格执法，执法司法公信力也难以建立起来。现实生活中出现的很多问题，往往同执法失之于宽、失之于松有很大关系。

1. 习近平总书记指出了严格执法的关键

"我们的工作重点应该是保证法律实施，做到有法必依、执法必严、违法必究。"[②] 各级行政机关必须依法履行职责，坚持法定职责必须为、法无授权不可为，决不允许任何组织或者个人有超越法律的特权。依法履职，保证法律实施，表现在"必须为"和"不可为"两个方面。

2. 习近平总书记为解决执法方面存在的问题开出了药方

习近平总书记多次指出，要解决当前执法中的突出问题，必须"建立权责统一、权威高效的依法行政体制"。[③] 依法行政体制改革是解决执法问题症结的"良方"，对依法行政体制改革，习近平总书记强调要加大力度、加快进度，推动落实到位。

3. 习近平总书记指明了严格执法的保障

习近平总书记强调建立行政机关内部重大决策合法性审查机制，推行政府法律顾问制度；推进政务公开；建立执法部门和业务主管部门的联动机制，提高执法能力。

（三）在强调严格执法的同时强调必须规范公正文明执法

相较于严格执法，规范公正文明执法是执法的另一个重要方面。习近平总书记在论述严格执法时，经常提及规范公正文明执法。习近平总书记指出："推进严格规范公正文明执法，努力提升执法司法的质量、效率、公

---

① 习近平：《论坚持全面依法治国》，中央文献出版社 2020 年版，第 20 页。
② 习近平：《论坚持全面依法治国》，中央文献出版社 2020 年版，第 45 页。
③ 习近平：《论坚持全面依法治国》，中央文献出版社 2020 年版，第 114 页。

信力，更好把社会主义法治优势转化为国家治理效能。"[1] 他强调："严格规范公正文明执法是一个整体，要准确把握、全面贯彻，不能畸轻畸重、顾此失彼。执法的最好效果就是让人心服口服。"[2] 严格执法与规范公正文明执法是辩证统一的。

1. 二者不可或缺

如果说严格执法侧重于执法的力度，规范公正文明执法则侧重于执法的温度，执法要既有力度，又有温度，实现刚性和温情的内在统一。严格执法和规范公正文明执法结合起来，才是依法执法。

2. 二者目的一致

要树立正确法治理念，把打击犯罪同保障人权、追求效率同实现公正、执法目的同执法形式有机统一起来，坚持以法为据、以理服人、以情感人，努力实现最佳的法律效果、政治效果、社会效果。严格执法和规范公正文明执法的目的，都是要达到最好的执法效果，让当事人心服口服，达成法律效果和社会效果的统一。以社会实践中最常见的行政处罚为例，处罚的目的绝不是"为罚而罚"。行政处罚既要发挥严格执法，处罚违法当事人的功能，也要发挥教育警示作用，预防潜在的违法行为，从根本上预防、减少违法行为。刚性执法和柔性执法要相互结合，相得益彰，才能发挥最大的作用，也是执法的根本目的和本质要求。2021 年 1 月 22 日，第十三届全国人大常委会第25 次会议通过了修订的《行政处罚法》。修订的《行政处罚法》坚持为行政处罚权的行使定规矩、划界限，推进严格规范公正文明执法、保障行政执法既有力度又有温度。这正是习近平总书记执法观的具体落实和体现。

十五、全民守法与抓住"关键少数"、建设高素质法治工作队伍的关系

全民守法对于全面推进依法治国具有基础性意义，法律的权威源自人民

---

[1] 习近平：《推进全面依法治国，发挥法治在国家治理体系和治理能力现代法中的积极作用》，载《求是》2020 年第 22 期。

[2] 习近平：《论坚持全面依法治国》，中央文献出版社 2020 年版，第 259~260 页。

的内心拥护和真诚信仰，法律的实现体现为人民的自觉遵守和积极运用。[①]
习近平总书记对全民守法作了拓展深化：第一，明确了全民守法之内涵。全
民守法，就是任何组织或者个人都必须在宪法和法律范围内活动，任何公民、
社会组织和国家机关都要以宪法和法律为行为准则，依照宪法和法律行使权
利或权力、履行义务或职责。全民守法，无法外之人，无法外之地。第二，
明确了全民守法之地位。全民守法是全面依法治国的重点任务，是全面依法
治国的关键环节，是依法治国的长期基础性工作。

与全民守法相关联的是"关键少数"和法治工作队伍。"关键少数"指
的是各级领导干部。我们党历来注重干部队伍建设。1938 年，毛泽东同志在
党的六届六中全会上，就明确指出："政治路线确定之后，干部就是决定的因
素。"习近平总书记特别强调抓"关键少数"、强调法治工作队伍建设。在中
央全面依法治国工作会议上，习近平总书记提出了十一个重点工作，第十个
是坚持建设德才兼备的高素质法治工作队伍，最后一个就是坚持抓住领导干
部这个"关键少数"。这些重要论述，深刻阐明了全面依法治国的人才保障问
题，可谓抓住了关键。全民守法与抓住"关键少数"是内在统一的。

一方面，全民守法是对全社会的共同要求，"关键少数"也不能例外。一
是党带头守法是依法治国的内在要求。党领导人民制定宪法和法律，党领导
人民执行宪法和法律，党自身必须在宪法和法律范围内活动，真正做到党领
导立法、保证执法、带头守法。我们党是执政党，能不能坚持依法执政，能
不能正确领导立法、带头守法、保证执法，对全面推进依法治国具有重大作
用。二是"关键少数"守法是权力监督的必然要求。各级党政组织、各级领
导干部手中的权力是党和人民赋予的，是上下左右有界受控的，不是可以为
所欲为、随心所欲的，谁把法律当儿戏，谁就必然要受到法律的惩罚。三是
全民守法，人人平等。习近平总书记指出："法治之下，任何人都不能心存侥
幸，都不能指望法外施恩，没有免罪的'丹书铁券'，也没有'铁帽子王'。"[②]
任何组织和个人都必须尊重宪法法律权威，都必须在宪法法律范围内活动，

① 江必新：《习近平全面依法治国新理念新思想新战略对法治理论的发展》，载《法学杂志》
2020 年第 5 期。

② 习近平：《论坚持全面依法治国》，中央文献出版社 2020 年版，第 141 页。

都必须依照宪法法律行使权力或权利、履行职责或义务，都不得有超越宪法法律的特权。四是增强法治观念，是对全民守法和"关键少数"的共同要求。习近平总书记强调要增强全民规则意识，推进全民守法，必须着力增强全民法治观念。对"关键少数"，习近平总书记强调要牢固树立法律面前人人平等、权由法定、权依法使等基本法治观念，指出"各级领导干部要坚决贯彻落实党中央关于全面依法治国的重大决策部署，带头尊崇法治、敬畏法律，了解法律、掌握法律，不断提高运用法治思维和法治方式深化改革、推动发展、化解矛盾、维护稳定、应对风险的能力"①，做尊法学法守法用法的模范，并提出了"守法律、重程序……法定职责必须为、法无授权不可为……保护人民权益……受监督"②等具体要求。总之，全体人民都要成为社会主义法治的忠实崇尚者、自觉遵守者、坚定捍卫者，使尊法、学法、守法、用法成为全体人民的共同追求。

另一方面，"关键少数"守法在全民守法中具有重要作用。一是领导干部带头守法，是全民守法的关键。首先，领导干部是"执行人"。各级领导干部作为具体行使党的执政权和国家立法权、行政权、司法权的人，在很大程度上决定着全面依法治国的方向、道路、进度。党领导立法、保证执法、支持司法、带头守法，主要是通过各级领导干部的具体行动和工作来体现、来实现。其次，领导干部是"第一责任人"。党政主要负责人有推进法治建设第一责任人的职责，要统筹推进科学立法、严格执法、公正司法、全面守法，具体落实全面守法等工作。因此，习近平总书记强调："高级干部做尊法学法守法用法的模范，是实现全面推进依法治国目标和任务的关键所在。"③习近平总书记深刻指出："如果我们的领导干部不能尊法学法守法用法，不要说全面推进依法治国，不要说实现'两个一百年'奋斗目标、实现中华民族伟大复兴的中国梦，就连我们党的领导、我国社会主义制度都可能受到严重冲击和损害。"④二是"关键少数"带头守法，增进全民守法。我们有"民以吏

---

① 习近平：《论坚持全面依法治国》，中央文献出版社 2020 年版，第 5~6 页。
② 习近平：《论坚持全面依法治国》，中央文献出版社 2020 年版，第 141 页。
③ 习近平：《论坚持全面依法治国》，中央文献出版社 2020 年版，第 135 页。
④ 中共中央文献研究室编：《习近平关于全面依法治国论述摘编》，中央文献出版社 2015 年版，第 120 页。

为师"的传统，领导干部带头尊法学法守法用法，人民群众会看在眼里、记在心上，并且会加以效仿。习近平总书记指出："各级领导干部要带头依法办事，带头遵守法律 …… 如果领导干部都不遵守法律，怎么叫群众遵守法律？上行下效嘛！"① 所以，领导干部作为"关键少数"，带头自觉守法是实现全民守法，建设法治中国的关键。

治国安邦，人才为要。在法治建设中，除了抓住领导干部这个"关键少数"，习近平总书记还特别强调高素质法治工作队伍建设。高素质的法治工作队伍，是全面推进依法治国的基石。党的十七大提出，要"加强政法队伍建设"，在此基础上，习近平总书记提出要加强法治队伍建设，建设一支德才兼备的高素质法治工作队伍对推进全面依法治国至关重要。从"政法队伍"到"法治队伍"，既是内涵的扩展，更是标准的提升。习近平总书记进一步明确了法治工作队伍的主要构成，主要包括在人大和政法从事立法工作的人员，在行政机关从事执法工作的人员，在司法机关从事司法工作的人员。全面推进依法治国，首先要把这几支队伍建设好。习近平总书记还提出加强律师队伍、法学教育工作队伍，建设善于处理涉外法律事务的涉外法治人才队伍等。

全民守法与建设高素质法治工作队伍是辩证统一的。一是推进全民守法，离不开高素质法治工作队伍的建设。习近平总书记指出："建设法治国家、法治政府、法治社会，实现科学立法、严格执法、公正司法、全民守法，都离不开一支高素质的法治工作队伍。法治人才培养上不去，法治领域不能人才辈出，全面依法治国就不可能做好。"② 所以，习近平总书记强调，全面推进依法治国，首先要把专门队伍建设好。二是高素质法治工作队伍是全民守法的保障。习近平总书记强调："全面推进依法治国，必须着力建设一支忠于党、忠于国家、忠于人民、忠于法律的社会主义法治工作队伍 …… 推进法治专门队伍正规化、专业化、职业化，提高职业素养和专业水平。要坚持立德树人，德法兼修，创新法治人才培养机制，努力培养造就一大批高素质法治人才及后备力量。"③ 全民守法是一项系统工程，信仰法律、明

---

① 习近平：《论坚持全面依法治国》，中央文献出版社 2020 年版，第 25 页。
② 习近平：《论坚持全面依法治国》，中央文献出版 2020 年版，第 174 页。
③ 《习近平：加强党对全面依法治国的领导》，载《求是》2019 年第 4 期。

法笃行的高素质法治工作队伍必能引领、推动、保障全民守法的实现。因此，对法治工作队伍的要求更为严格。首先，要加强专门队伍的理想信念教育。习近平总书记提出了德才兼备的基本要求，并提出了"五个过硬"（信念过硬、政治过硬、责任过硬、能力过硬、作风过硬）、"四个忠于"（忠于党、忠于国家、忠于人民、忠于法律）、"四化"（革命化、正规化、专业化、职业化）的具体要求。其次，要重点加强政法队伍建设。对法治专门队伍的管理要坚持更严标准、更高要求，要深查司法腐败，巩固和扩大政法系统队伍教育整顿试点工作成果。

十六、尊重国情与借鉴域外经验的关系

法治文明的活力在于交往交流交融。习近平法治思想是一个开放、兼容的体系，深深植根于中国土壤，也汲取人类法治精华的成果。习近平总书记深刻阐释了尊重国情与借鉴境外经验的辩证关系，具体包括：

（一）尊重国情是根本

走什么样的法治道路、建设什么样的法治体系，是由一个国家的基本国情决定的。只有扎根本国土壤、汲取充沛养分的制度，才最可靠，也最管用。习近平总书记深刻指出，坚持从实际出发，就是要突出中国特色、实践特色、时代特色。中国国情、中国实际是我们立足之本。上下五千年，我们形成了独树一帜的中华法系。这一法系，凝聚了中华民族的精髓和智慧，具有丰富的法律文化资源。中国特色社会主义国家制度和法律制度是在长期实践探索中形成的，是人类制度文明史上的伟大创造。这是一套行得通、真管用、有效率的制度体系。这些都是我们的国情和实际，也是我们的优势，我们要有自信、底气和定力。只有尊重本国国情、深植于本国土壤、传承本国优秀文化，不断在经济社会发展中改进、升华的制度，才具有强大的生命力。

（二）借鉴域外经验是必要补充

尊重国情与借鉴域外经验辩证统一，相辅相成。尊重国情并不等同于闭门造车。坚持从我国实际出发，不等于关起门来搞法治。法治是人类文明的重要成果之一，法治的精髓和要旨对于各国国家治理和社会治理具有普遍

意义，我们要学习借鉴世界上优秀的法治文明成果。只有传承中华优秀传统法律文化，从我国革命、建设、改革的实践中探索适合自己的法治道路，同时借鉴国外法治有益成果，才能为全面建设社会主义现代化国家、实现中华民族伟大复兴夯实法治基础。我们既要继承传统，也要文明互鉴，吸收借鉴人类法治文明有益成果，贡献中国智慧和中国方案。学习借鉴不等同于照搬照抄，不等于是简单的拿来主义，必须坚持以我为主、为我所用，认真鉴别、合理吸收，不能搞"全盘西化"，不能搞"全面移植"，不能照搬照抄。

（三）坚持我国的制度根基不动摇

我们需要借鉴国外政治文明有益成果，但绝不能放弃中国政治制度的根本。走中国特色社会主义法治道路是一个重大课题，有许多东西需要深入探索，但基本的东西必须长期坚持。这"基本的东西"就是习近平同志在党的十八届四中全会上提出的三个"核心要义"和五个必须长期坚持的"基本原则"。三个"核心要义"，即坚持党的领导、坚持中国特色社会主义制度、贯彻中国特色社会主义法治理论。五个"基本原则"是：坚持人民主体地位，坚持法律面前人人平等，坚持依法治国和以德治国相结合，坚持依法治国和依规治党有机统一，坚持从中国国情和实际出发。[1]核心要义、基本原则正是习近平总书记在汲取中国革命、建设的经验教训，承继中华传统法治基础上，总结、提炼、升华的宝贵财富。"我们有符合国情的一套理论、一套制度，同时我们也抱着开放的态度，无论是传统的还是外来的，都要取其精华、去其糟粕，但基本的东西必须是我们自己的，我们只能走自己的道路。我们是中国共产党执政，各民主党派参政，没有反对党，不是三权鼎立、多党轮流坐庄，我国法治体系要跟这个制度相配套。"[2]

---

① 张文显：《习近平法治思想的基本精神和核心要义》，载《东方法学》2021 年第 1 期。
② 中共中央文献研究室编：《习近平关于全面依法治国论述摘编》，中央文献出版社 2015 年版，第 35 页。

◉ 第八章 ◉

法治中国建设的具体实施

法治中国建设的具体实施，回答的是怎样在具体操作上推进法治中国建设的问题。习近平法治思想不仅有鲜明的理论观点、深刻的思想内涵，而且蕴含着丰富的思想方法和工作方法。法治中国建设要在习近平法治思想的指引下，坚持顶层设计与基层探索的有机统一、整体推进与重点突破有机统一、直面问题与维护权益的有机统一、尊重规律与依法改革的有机统一、依法治国与依规治党的有机统一、法治思维与法治方式的有机统一、学习借鉴与本土创造的有机统一、建设德才兼备的高素质法治工作队伍与抓住领导干部这个"关键少数"的有机统一。

一、顶层设计与基层探索的有机统一

习近平总书记指出："加强宏观思考和顶层设计，坚持问题导向，聚焦我国发展面临的突出矛盾和问题，深入调查研究，鼓励基层大胆探索，坚持改革决策和立法决策相衔接，不断提高改革决策的科学性。"① 他强调全面依法

---

① 《习近平在庆祝改革开放40周年大会上的讲话》，载《人民日报》2018年12月19日第2版。

治国既要做好顶层设计，科学制定改革决策，还要鼓励基层大胆探索和创新，将顶层设计和基层探索有机统一起来。

（一）基层探索是顶层设计的基础和动力

四十多年来我国改革实践说明，"摸着石头过河"是富有中国智慧的改革方法，也是顶层设计的基础。法治领域规划要遵循这样的思路，确保制度设计行得通、真管用。尤其在创新基层管理体制机制方面，更要加强基层探索。我国自改革开放以来在认识和实践上的每一次突破和发展，无不来自人民群众的实践和智慧。基层创新体现地方法治建设的积极能动性，有助于发掘法治创新模式，为国家治理提供智力支持和经验积累。对于加强基层探索，邓小平也形象地说过："胆子要大一些，敢于试验，不能像小脚女人一样。看准了的，就大胆地试，大胆地闯。"[①] 要求在当前法治建设中大胆开展法治实验，打破自上而下完全依赖于顶层设计和唯理主义建构观，重视和发掘地方经验，待时机成熟时有效填补国家法治缺陷。

（二）顶层设计是基层探索的方向和指引

要加强宏观思考和顶层设计，注重法治建设的系统性。顶层设计能突破"只见树木，不见森林"的视野障碍，引导改革超越既有利益格局，沿着科学路径前行。首先，顶层设计具有统筹协调的战略优势。当前，我国在立法、执法、司法、守法等方面都存在不少薄弱环节，法治领域改革面临许多困难，迫切需要党中央从顶层设计方面加强统筹协调。顶层设计着眼法治整体战略和长远目标，能够统筹和优化基层探索过程中产生的各种问题。其次，顶层设计要有兼顾基层差异的大局观。比如司法体制改革事关全局，要加强顶层设计，自上而下有序推进。要坚持从实际出发，结合不同地区、不同层级司法机关实际情况积极实践，推动制度创新。基层探索是一个开拓创新的过程，必然会有差异和失败，顶层设计要多鼓励多尊重。

（三）要坚持顶层设计和基层探索良性互动

习近平总书记指出："坚持顶层设计和法治实践相结合，提升法治促进国家治理体系和治理能力现代化的效能……我们要不断完善顶层设计，不断创

---

① 《邓小平文选（第三卷）》，人民出版社 1993 年版，第 372 页。

新和深化依法治国实践。"①正确处理好顶层设计与基层创新的关系，要求在战略决策上统一领导，战术选择上因地制宜，既高度重视顶层设计，又充分尊重和发挥基层实践和首创精神。顶层设计和基层探索的有机结合是原则性和灵活性相结合的过程，顶层设计的原则性不能完全束缚基层探索的灵活性，基层探索的灵活性也不能损害顶层设计的原则性。两者有机结合，才能发挥最大优势效应。

二、整体推进与重点突破有机统一

全面依法治国是一个系统工程，必须统筹兼顾、把握重点、整体谋划，更加注重系统性、整体性、协同性。整体推进与重点突破是唯物辩证法两点论和重点论的统一，它在我国"四个全面"战略布局中都是非常重要和有效的工作方法。

（一）在整体推进中实现重点突破

整体推进是各方面工作相互配合、协同推进，强调全面性、协同性。党的十九届四中全会以后，由于国家治理体系和治理能力现代化的要求，迫切需要改变过去的碎片化制度体系，各行各业都在补齐漏洞和短板，不断进行修整，进行制度的体系化建设。习近平总书记对此明确提出了整体推进的要求："我们要科学谋划、精心组织，远近结合、整体推进，确保全会确定的各项目标任务全面落实到位。"②坚持整体推进，统筹谋划制度体系建设的各个方面、各个层次、各个要素，注重各项目标任务相互促进、良性互动，注重整体效果，防止畸重畸轻、顾此失彼。但整体推进不是平均用力、齐头并进，而是要抓住主要矛盾和矛盾的主要方面，注重抓重要领域和关键环节，努力做到全局与局部相配套、治本与治标相结合、渐进和突破相衔接，实现整体推进和重点突破相统一。

---

① 习近平：《论坚持全面依法治国》，中央文献出版社 2020 年版，第 275 页。
② 习近平：《坚持和完善中国特色社会主义制度推进国家治理体系和治理能力现代化》，载《求是》2020 年第 1 期。

（二）以重点突破带动整体推进

重点突破以问题为导向，要认清主要矛盾和矛盾的主要方面，明确轻重缓急，精准抓住工作重点，集中力量获得突破，然后以点带面，促进整体推进。我国法治建设充分运用了以重点突破带动整体推进的工作方法，比如将全面贯彻实施宪法作为全面依法治国、建设社会主义法治国家的重点；将抓紧完善权力运行监督和制约机制作为构建政法机构职能体系的重点；将司法责任制作为提高司法审判质量的重点突破对象；将制约和监督权力作为遏制腐败问题的关键点；将依法治权作为依法治军的重点；将加强农村基层党组织的战斗堡垒作用作为农村基层治理的重点，等等。通过攻克法治建设领域中的重点难点，最终实现法治体系的整体改进。

（三）坚持整体推进与重点突破相辅相成

整体是全局，重点是局部，整体包含了重点，局部关系着全局的成败。重点突破带动整体推进，是推动整体事业发展的关键抓手，整体也为重点统筹协调，创造突破的条件。比如坚持依法治国、依法执政、依法行政共同推进，其中依法执政和依法行政是全面依法治国的重点，依法治国为依法执政和依法行政创造整体法治环境。重点突破既要从整体推进的全局性高度来谋划，又要服从整体推进这一总体战略布局。整体推进与重点突破相结合还体现了公平与效率相统一的关系。公平是目的，效率是手段，处理好公平与效率的关系，要求一个社会既要强调效率，又要注重公平，实现公平与效率的有机统一。

三、直面问题与维护权益的有机统一

习近平总书记指出："坚持改革方向、问题导向，适应推进国家治理体系和治理能力现代化要求，直面法治建设领域突出问题，回应人民群众期待，力争提出对依法治国具有重要意义的改革举措。"[①] 这一经典论述体现了在法治中国建设过程中直面问题与维护人民权益有机统一的工作方法。

---

① 习近平：《论坚持全面依法治国》，中央文献出版社 2020 年版，第 89 页。

（一）直面问题是前提

敢于直面问题是中国特色社会主义法治建设取得系列成绩的宝贵经验。我们党能够始终走在时代前列，成为中国人民和中华民族的主心骨，根本原因在于我们党始终敢于直面问题，勇于自我革命。列宁指出："一个政党对自己的错误所抱的态度，是衡量这个党是否郑重，是否真正履行它对本阶级和劳动群众所负义务的一个最重要最可靠的尺度。"我们党正是始终保持了自我革命精神，依靠自身力量和群众结合的力量攻克一个个难关，从而一次次转危为安、化危为机、由弱变强。习近平总书记强调："改革要敢于啃硬骨头、敢于涉险滩。"① 只有敢于直面法治建设领域突出问题，破除藩篱，才能在实现法治中国的道路上更进一步，这是全面依法治国走向胜利的重要前提。

（二）维护权益是目的

维护权益反映了解决问题的能力和水平。习近平总书记指出："改革哪有不触动现有职能、权限、利益的？需要触动的就要敢于触动，各方面都要服从大局。""要把解决了多少实际问题、人民群众对问题解决的满意度作为评价改革成效的标准。"② 他强调直面改革中的问题，维护的应该是广大人民群众的权益，而不是个别部门利益，维护人民权益是改革要考虑的制度初衷，也是评判改革是否取得成功的衡量依据。维护人民权益还要注意正确处理好与维护社会稳定的关系。对重大改革尤其是涉及人民群众切身利益的改革决策，要建立社会稳定评估机制。只有维护好人民群众的切身利益，让人民群众的权益得到了公平对待，社会才能和谐稳定，国家才能长治久安。

（三）坚持直面问题与维护权益统筹兼顾

在直面问题的同时要坚持维护人民群众的权益。因为我国宪法法律是党领导人民制定的，是以保障人民根本利益为出发点和落脚点的。直面法治领域的问题，应当坚持以维护人民权益为解决问题的根本目的，并以此检验问题解决的成效。直面问题与维护权益有机统一要立足全局和长远来统筹谋划，以维护人民权益为政治方向，才能够对现实问题提出富有改革创新的新思想新观点新举措。

---

① 习近平：《论坚持全面依法治国》，中央文献出版社 2020 年版，第 173 页。
② 习近平：《论坚持全面依法治国》，中央文献出版社 2020 年版，第 116~117 页。

四、尊重规律与依法改革的有机统一

在推进法治领域的改革中，尊重规律与依法改革有机统一已成为彰显现代法治精神的时代标志，体现了习近平法治思想求真务实的实践思维。

（一）改革应尊重法治规律

依法改革中蕴含了法治和改革的关系。习近平总书记指出："改革与法治如鸟之两翼、车之两轮，要坚持在法治下推进改革，在改革中完善法治。"[①] 他还提出："科学立法是处理改革和法治关系的重要环节。要实现立法和改革决策相衔接，做到重大改革于法有据、立法主动适应改革发展需要。"[②] 过去，我们基本上是以突破法律规制作为改革前提的，现在我们要回归立法型的改革，这是现代法治精神的要求。目前我国在依法改革中已积累了一定的经验，如国家监察体制改革就比较好地处理了深化改革和推进法治的关系，既贯彻了凡属重大改革都要于法有据的法治规律要求，又彰显了党坚持在宪法法律范围内活动的执政原则。重大改革要于法有据，但也不能囿于现行法律规定就不推进改革。习近平总书记指出："需要推进的改革，将来可以先修改法律规定再推进。"[③] 另外，立法时也要尽可能为以后改革留下必要的法律空间。

（二）依法改革应尊重社会发展规律

尊重规律，要善于总结经验教训，把事物内在联系弄清楚，发现事物发展变化的规律。实践证明，尊重规律，问题就容易得到解决，违背规律，问题就难以解决，甚至引发更多的问题。依法改革要处理好与尊重规律的关系。如习近平总书记指出："法治经济的本质要求就是把握规律、尊重规律。各级领导干部要提高透过现象看本质的本领，深入把握经济规律、社会规律、自然规律，使对经济工作的领导更加自觉、更加有效。"[④] 这里就强调了依法改革中要尊重经济规律、社会规律等其他发展规律。此外，他还提到了依法改革

---

① 习近平：《加强党对全面依法治国的领导》，载《求是》2019年第4期。
② 习近平：《论坚持全面依法治国》，中央文献出版社2020年版，第37页。
③ 习近平：《论坚持全面依法治国》，中央文献出版社2020年版，第117~118页。
④ 习近平：《论坚持全面依法治国》，中央文献出版社2020年版，第129页。

要尊重军事发展规律；完善司法制度、深化司法体制改革，要遵循司法活动的客观规律，等等。

（三）坚持尊重规律与依法改革辩证统一

尊重规律与依法改革反映了尊重客观规律和发挥主观能动性的关系，一方面要按照客观规律办事，坚持从实际出发，另一方面要鼓励大胆创新，先行先试，充分发挥主观能动性。要增强尊重规律的意识，提高把握规律和运用规律的能力，把干事创业和求真务实相结合，用科学的方法发挥法治在改革中的引领和推动作用。

五、依法治国与依规治党的有机统一

依法治国和依规治党有机统一是在党的十九大提出的，是以习近平同志为核心的党中央治党治国的重大战略举措，也是党的建设伟大工程与中国特色社会主义伟大事业的共同要求。

（一）依规治党是依法治国的政治保障

邓小平在论述党规与国法之间的关系时指出："没有党规党法，国法就很难保障。"[①] 加强党内法规制度建设，是实现依法治国与依规治党有机统一的前提。全面推进依法治国，必须努力形成国家法律法规和党内法规制度相辅相成、相互促进、相互保障的格局。党的十八大以来，党中央高度重视党内法规制度建设，推动这项工作取得了重要进展和成效。加强党内法规制度建设是全面从严治党的长远之策、根本之策。加强党内法规制度建设是提高党的执政能力和领导水平的必然要求。

（二）依法治国是依规治党的坚实基础

依法治国是依规治党的必然选择，也是确保依规治党得到贯彻落实的重要依托。要发挥依法治国和依规治党的互补性作用，确保党既依据宪法法律治国理政，又依据党内法规管党治党、从严治党。依规治党深入党心，依法治国才能深入民心。依法治国将法治精神和法治原则渗透于依规治党之中，

---

① 《邓小平文选（第二卷）》，人民出版社 1994 年版，第 147 页。

对党内不良作风和腐败现象具有遏制作用。两者有机统一的基础在于制度目的统一性、党政权力统一性、基本原则统一性以及治理体系统一性。

（三）坚持依法治国与依规治党一体建设

党内法规既是管党治党的重要依据，也是建设社会主义法治国家的有力保障。在全面推进依法治国过程中，既需要党依照宪法法律实现依法执政，又需要党根据党内法规制度做到从严治党。依规治党是依法治国的政治保障，依法治国是依规治党的坚实基础。坚持依法治国与依规治党有机统一，需要坚持依法治国与制度治党、依规治党统筹推进、一体建设。在全面依法治国的实践中，实现依法治国与依规治党的优势互补、良性互动。

六、法治思维与法治方式的有机统一

法治思维是一种主要运用法律规则、法律原则和法治理念分析问题、综合决策的逻辑思维活动。法治方式是指落实法治理念、精神的实践活动和行为定式，两者本质上是统一的，是内在和外在的关系。[①] 法治思维和法治方式的确立，有助于宪法法律得到尊重，有助于抽象的法律规定得以转化为法治实践，有助于法治成为国家治理的主要方式。

（一）法治思维是法治方式的前提

思维支配着人的行为方式，没有法治思维，就没有法治方式，依法治国就不会实现。法治思维指导着法治方式，在法治建设中处于关键地位。法治思维的确立是以法治观念的形成为前提的，而法治观念的形成需要法律专业知识作为基础。所以要加强法律知识的宣传和教育，引导人们学习法律知识，继而形成法治观念，确立法治思维，并养成严格按照法律规定从事社会活动及维护权益的行为习惯。

（二）法治方式是法治思维的体现

法治思维必须外化为法治方式，作用于社会关系之中，才能实现治国理政的目标。法治方式本质上是一种行为方式，是用来落实法治理念或法治精

---

① 王宗礼：《四个全面战略布局之全面推进依法治国》，人民出版社 2017 年版，第 255 页。

神的实践活动，是运用法律规则进行社会治理、化解纠纷等的行为方式。实践中的依法行政、依法执政都属于法治方式的范畴。法治方式要求我们改变传统的"托关系找门子"等与法治要求不符合的办事方式，改变"钓鱼执法"等与法治要求不符合的执法方式。随着法治思维的逐步树立，法治的引领和推动作用将进一步加强，法治方式也将成为国家治理的主要手段。

（三）坚持法治思维和法治方式相互促进

习近平总书记非常重视运用法治思维和法治方式开展工作，在依法治军、依宪执政、依法防控等工作中都提到了要以法治思维和法治方式深化改革、化解矛盾、推动发展和维护稳定。习近平总书记对提升领导干部运用法治思维和法治方式开展工作的能力尤为强调。因为在我们国家，各级领导干部的信念、决心、行动，对全面推进依法治国意义重大。关于领导干部如何加强法治思维和法治方式，习近平总书记提出了尊法、学法、守法、用法的四项要求。为强调尊法的重要性，他特意把尊法放在最前面，意在表明如果对法律没有敬畏心，就很难做到学法守法用法。目前，能否坚持在实际工作中运用法治思维和法治方式已成为新时代领导干部执政行为的基本准则和核心工作要求。

七、学习借鉴与本土创造的有机统一

在建设法治中国的过程中，我们始终坚持走中国特色社会主义法治道路，一方面努力学习借鉴世界各国成功经验，另一方面在学习借鉴中进行本土创造，发掘自身优势。

（一）本土创造是内在动力

本土创造要求从我国实际出发，突出中国特色、实践特色、时代特色。一切从实际出发是辩证唯物主义世界观的根本要求，是做好各项工作的根本保证，是党的思想路线的核心。习近平总书记指出："只有扎根本国土壤、汲取充沛养分的制度，才最可靠、也最管用。"[①] 这表明了本土创造的重要地位和

[①] 习近平：《论坚持全面依法治国》，中央文献出版社 2020 年版，第 78 页。

内在要求，我们要不断总结和运用党领导人民实行法治的成功经验，从我国实际出发，围绕社会主义法治建设的重大理论和实践问题，不断丰富和发展符合中国实际、具有中国特色、体现社会发展规律的社会主义法治理论，为依法治国提供理论指导和学理支撑。

（二）学习借鉴是外部补充

坚持从我国实际出发，不等于关起门来搞法治，也不等于简单的拿来主义，不能完全地照搬照抄。学习借鉴必须坚持以我为主、为我所用，去其糟粕、取其精华。学习借鉴不能舍本逐末，必须有所甄别，决不能照搬西方的三权分立、多党制、司法独立等与我国政体不相符的制度。在建设社会主义法治国家的过程中，要善于学习借鉴其他国家和地区的经验教训，吸收人类文明的一切优秀成果。正如习近平总书记在司法体制改革中所指出的："我们要借鉴国外法治有益成果，但不能照搬照抄国外司法制度。"[1] 我国的法治建设必须同我国根本政治制度和经济社会发展水平相适应，保持自己的特色和优势。

（三）坚持学习借鉴与本土创造融会贯通

面对世界文明成果，习近平总书记强调："对人类社会创造的各种文明……我们都应该采取学习借鉴的态度，都应该积极吸纳其中的有益成分。"[2] 法治是人类文明的重要成果之一，法治的精髓和要旨对于各国治国理政都具有普遍意义。坚持学习借鉴与本土创造相统一，要求在法治模式上必须根据中国实际进行创造性的构建，建设中国特色社会主义法治国家。只有坚持学习借鉴与本土创造融会贯通，才能保持法治建设的中国特色和保证中国特色社会主义法治建设健康发展。

---

① 习近平：《论坚持全面依法治国》，中央文献出版社 2020 年版，第 148 页。
② 《习近平在纪念孔子诞辰 2565 周年国际学术研讨会暨国际儒学联合会第五届会员大会开幕会上的讲话》，载《人民日报》2014 年 9 月 25 日第 2 版。

八、建设德才兼备的高素质法治工作队伍与抓住领导干部这个"关键少数"的有机统一

德才兼备的高素质法治工作队伍和领导干部这个"关键少数"是中国特色社会主义法治国家的重要建设者，他们是建设法治中国的重要组织和人才保障。

（一）法治工作队伍是法治建设的主力军

法治工作队伍是国家治理队伍的一支重要力量，处于法治实践的最前沿，他们的素质高低，直接影响和制约国家治理法治化的进程。全面依法治国，首先要把这几支队伍建设好。习近平总书记对建设高素质的法治工作队伍提出的总体要求是德才兼备，具体要求有五个过硬（即信念过硬、政治过硬、责任过硬、能力过硬、作风过硬）、四个忠于（即忠于党、忠于国家、忠于人民、忠于法律）、四化（即革命化、正规化、专业化、职业化）。另外，他还特别强调了专业性，尤其是涉外法律专业的人才严重缺乏，亟待加大培养力度。德才兼备的高素质法治工作队伍是培育法治精神的重要保障，是法治精神的播种者，是提供法律服务、依法维权的主力军，建设好这支队伍，有助于增强人民群众对法律的信任。

（二）领导干部这个"关键少数"是法治建设的先锋队

作为"关键少数"的领导干部具体行使党的执政权和国家立法权、行政权、监察权、司法权，是全面依法治国的关键。对法治建设既可以起到非常重要的推动作用，也可能起到致命破坏作用。习近平总书记对领导干部这个"关键少数"提出了总体要求，主要表现为两个大方面：一是发挥领导干部尊法学法守法用法的模范带头作用，具体表现为带头尊崇法治、敬畏法律权威，带头了解法律、掌握法律内容，带头遵纪守法、捍卫法治尊严，带头厉行法治、维护法治效力。二是提高领导干部法治思维和依法办事能力，具体表现为严格依照法律规定的内容和程序办事，勤勉履行法定职责，保护人民合法权益，依法接受监督。此外，他对"关键少数"还提出了一系列关于法治信念、法治素养及行为准则等方面的要求。

（三）坚持建设德才兼备的高素质法治工作队伍和抓住领导干部这个"关键少数"协同推进

建设高素质的法治工作队伍与抓住领导干部这个"关键少数"对全面依法治国重点工作的开展至关重要，两者有机统一才能更好贯彻落实全面依法治国的工作部署和各项任务的需要。法治工作队伍要恪尽职守，领导干部要带头尊法学法守法用法，两者相互促进，共同捍卫法治，建设法治，推动法治，我们的法治中国建设才可以行稳致远，中华民族伟大复兴的中国梦才能够早日实现。

第九章

推进法治中国建设
着力提升法治效能

执法司法公正高效权威才能真正发挥好法治在国家治理中的效能。《现代汉语规范词典》将"效能"解释为"事物所具有的功用"。[1] 因此，法治效能，可以理解为法治在国家治理中的功能和作用。古代中国很早就意识到法治的作用。"法者，治之端也"[2] "国无常强，无常弱。奉法者强，则国强；奉法者弱，则国弱。"[3] "法令行则国治，法令弛则国乱"[4] 等，无不凸显出法治的作用。改革开放以来，我们党一贯高度重视法治。毛泽东、邓小平、江泽民、胡锦涛等都曾就法治的重要作用作出过深刻论述。党的十八大以来，习近平总书记坚持问题导向和结果导向相结合，注重发挥法治效能，始终将法治作为治国理政的基本方式，创造性提出了关于全面依法治国的一系列新理念新思想新战略，形成了内涵丰富、科学系统的习近平法治思想。当前，全面建成小康

---

① 李行健主编：《现代汉语规范词典》，外语教学与研究出版社 2014 年版，第 1450 页。
② 【战国】荀况：《荀子·君道》。
③ 【战国】韩非：《韩非子·有度》。
④ 【东汉】王符：《潜夫论·述赦》。

社会的宏伟目标已经完成。面向未来，全面建设社会主义现代化国家新征程正式开启。迈入新阶段、迎接新挑战，学习贯彻习近平法治思想，推进法治中国建设，进一步提升法治效能，需重点从全面履行职能、推进大部制改革、加大对不作为监督、建立理性责任体系等十个方面入手。

一、把全面履行职能放在更加重要位置

西方法治和传统行政法学强调控制权力。美国行政法学家施瓦茨指出："行政法是管理政府行政活动的部门法，它规定行政机关可以行使的权力，确定行使这些权力的原则，对受到行政行为损害者给予法律补偿。"[①]控权是法治十分重要的一个功能，但在全面依法治国的背景下，相比较于控权，笔者认为应将全面履行职能放在更加重要的位置。

（一）全面履行职能是基本建成法治政府的首要标准

2015 年 12 月，中共中央、国务院印发《法治政府建设实施纲要（2015—2020 年）》，纲要指出："经过坚持不懈的努力，到 2020 年基本建成职能科学、权责法定、执法严明、公开公正、廉洁高效、守法诚信的法治政府。"[②]"政府职能依法全面履行，依法行政制度体系完备，行政决策科学民主合法，宪法法律严格公正实施，行政权力规范透明运行，人民权益切实有效保障，依法行政能力普遍提高。"[③]可见，依法全面履行政府职能是基本建成法治政府的首要标准。

（二）对政府权力进行监督制约是法治政府应有之义

法治政府是有限政府。习近平总书记指出："要加强对权力运行的制约和监督，让人民监督权力，让权力在阳光下运行，把权力关进制度的笼子。强化自上而下的组织监督，改进自下而上的民主监督，发挥同级相互监督作用，加强对党员领导干部的日常管理监督。"[④]《法治政府建设实施纲要（2015—

---

① ［美］伯纳德·施瓦茨：《行政法》，徐炳译，群众出版社 1986 年版，第 1 页。
② 参见中共中央、国务院印发的《法治政府建设实施纲要（2015—2020 年）》。
③ 参见中共中央、国务院印发的《法治政府建设实施纲要（2015—2020 年）》。
④ 参见《习近平在中国共产党第十九次全国代表大会上的报告》，载《人民日报》2017 年 10 月 28 日第 1 版。

2020 年）》要求"坚持用制度管权管事管人，坚持决策权、执行权、监督权既相互制约又相互协调，完善各方面监督制度，确保行政机关按照法定权限和程序行使权力"。[①]

（三）处理好全面履行政府职能与监督制约的关系

习近平总书记指出："各级政府一定要严格依法行政，切实履行职责，该管的事一定要管好、管到位，该放的权一定要放足、放到位，坚决克服政府职能错位、越位、缺位现象。"[②]我们承认政府存在，让渡公民个人权利，目的在于发挥政府优势，解决个人、市场和社会无法解决的问题。在政府提供服务和对社会进行管理的过程中，可能会出现权力滥用的问题。因此，有必要对权力进行监督和制约，但监督和制约权力是第二位的，让政府履行职能，为人民谋幸福，做个人做不了的事，做市场做不了的事，做社会做不了的事，应当是第一位的。

二、对"法无授权不可为"中的"法"应作广义理解

"法无授权不可为"，对于政府而言，凡是法律没有允许的都是禁止的，这也是法治政府的行为边界。但是，比较完善的法治是其适用的逻辑前提——法律对社会关系作了全面覆盖和有效调整，即法律已经关注到社会生活的方方面面。当前，我国法治仍不十分健全，尚处在完善过程之中，社会关系亦处于急剧变动时期，很多事项仍然没有法律依据。特别是在进入充满易变性、不确定性、复杂性、模糊性的"乌卡时代"[③]后，法治建设更是很难跟得上社会的发展节奏。因此，笔者认为，应对"法无授权不可为"中的"法"作广义理解，以便给政府权力的行使留下必要的"豁口"。

（一）法律渊源要适当放宽

在依法全面履行政府职能过程中，政府除了依据法律法规行使职权外，

---

① 参见中共中央、国务院印发的《法治政府建设实施纲要（2015—2020 年）》。
② 《习近平：正确发挥市场作用和政府作用 推动经济社会持续健康发展》，载《人民日报》2014 年 5 月 18 日第 1 版。
③ 乌卡时代（VUCA），是由易变性（volatile）、不确定性（uncertain）、复杂性（complex）、模糊性（ambiguous）四个英文字母的首字母组合而成的单词。

应可以依据规章和规范性文件开展工作。当然，要严格遵循法律优先和法律保留原则，并按照《规章制定程序条例》《国务院办公厅关于加强行政规范性文件制定和监督管理工作的通知》《国务院办公厅关于全面推行行政规范性文件合法性审核机制的指导意见》等规定做好规章和规范性文件的审核、备案、清理等工作。此外，在政府的引领下，应积极推进社会自治，充分发挥市民公约、乡规民约、行业规章、团体章程等社会规范在社会治理中的积极作用。

（二）应急状态下应允许政府采取非常举措

在履行好常态化职能的同时，政府要注重提高运用法治思维、法治方式处置突发事件的能力。在应急状态下，有些事项法律预先作出了明确授权，有些情形法律没有进行明确授权或者授权不明确、不充分。在人民生命健康、国家公共利益受到现实威胁而法律又没有明确授权的情况下，政府要勇于履职、敢于担当，可以不完全受"法无授权不可为"的局限，并按照法律的基本精神及合理性原则采取合乎情理、符合实际的非常措施。[1]

（三）对应急状态下政府权力的限制

习近平总书记指出："要坚持依法管理，运用法治思维和法治方式提高应急管理的法治化、规范化水平。"[2] 这就要求我们即使是在应急状态下，也要尽可能做到依法行政。通常情况下，"应急状态下的法治呈现公权力扩张、部分私权利受限的特点，但是对私权利的限制必须坚持人道主义底线，不能突破保障基本人权的原则限制，过分压缩私权利的行使空间。"[3] 因此，"在依据合理性原则担当履职的过程中，必须遵守不得滥用职权、徇私舞弊的底线，确保应急处置措施经得起事后的监督和审查"。[4]

三、整合资源，进一步推动大部制改革

2013 年 11 月，党的十八届三中全会部署全面深化改革，提出了"完善

---

① 江必新：《用法治思维和法治方式推进疫情防控工作》，载《求是》2020 年第 5 期。
② 《习近平：充分发挥我国应急管理体系特色和优势 积极推进我国应急管理体系和能力现代化》，载《人民日报》2019 年 12 月 1 日第 1 版。
③ 江必新：《用法治思维和法治方式推进疫情防控工作》，载《求是》2020 年第 5 期。
④ 江必新：《用法治思维和法治方式推进疫情防控工作》，载《求是》2020 年第 5 期。

和发展中国特色社会主义制度，推进国家治理体系和治理能力现代化"的总目标，并明确提出要"统筹党政群机构改革，理顺部门职责关系。积极稳妥实施大部门制"。党的十九大报告进一步提出，统筹考虑各类机构设置，科学配置党政部门及内设机构权力、明确职责。2018年2月，党的十九届三中全会审议通过《中共中央关于深化党和国家机构改革的决定》和《深化党和国家机构改革方案》。2018年3月，国务院开启新一轮机构改革。2019年7月，深化党和国家机构改革总结会议召开，习近平总书记在充分肯定深化党和国家机构改革取得的重大成效和宝贵经验的同时，专门指出："完成组织架构重建、实现机构职能调整，只是解决了'面'上的问题，真正要发生'化学反应'，还有大量工作要做。"[①] 深化党和国家机构改革组织实施工作已经结束了，但推进机构职能优化协同高效、提高履职服务能力水平的工作永远不会结束。

（一）国务院层面应进一步集中决策权

新一轮机构改革后，国务院除办公厅外，共设置组成部门26个。同全面建设职责明确、依法行政的政府治理体系相比，国务院有必要进一步整合资源，集中决策权，继续减少部委数量。比如，已有论者建议参照"大环保""大交通"等大部制，金融体制改制步子应更大一点，组建"大金融"，将证监会同银保监会合并组建金融监管总局，甚至可以同中国人民银行整合，形成金融领域的统一监管，避免多头监管。

（二）地方层面应进一步下放执行权

在国务院层面整合资源的同时，应注意推动资源服务管理下沉，在地方层面进一步下放执行权。2019年1月，中共中央办公厅、国务院办公厅印发了《关于推进基层整合审批服务执法力量的实施意见》，要求各地区、各部门按照依法下放、宜放则放原则，将点多面广、基层管理迫切需要且能有效承接的审批服务执法等权限赋予乡镇和街道，由省级政府统一制定赋权清单，依法明确乡镇和街道执法主体地位。从两年的实践来看，资源下沉、权力下放极大地调动了基层工作人员的积极性，基层治理的效率大幅提升。修订后的《行政处罚法》第二十四条规定："省、自治区、直辖市根据当地实际情

---

① 《习近平：巩固党和国家机构改革成果 推进国家治理体系和治理能力现代化》，载《人民日报》2019年7月6日第1版。

况，可以决定将基层管理迫切需要的县级人民政府部门的行政处罚权交由能够有效承接的乡镇人民政府、街道办事处行使，并定期组织评估。决定应当公布。"

（三）推进大部制改革需要注意的问题

在推进国务院和地方大部制改革过程中要特别注意两点：一是防止大部制泛化。推进机构改革和职能转变，要处理好大和小、收和放、政府和社会、管理和服务的关系。大部制要稳步推进，但也不是所有职能部门都要大，有些部门是专项职能部门，有些部门是综合部门。综合部门需要的可以搞大部制，但不是所有综合部门都要搞大部制，不是所有相关职能都要往一个筐里装，关键要看怎样摆布符合实际、科学合理、更有效率。二是防止一放就乱。对于资源下沉和权力下放，不能一沉了之，一放了之，要同步建立相应规则予以规范。

四、进一步完善批准、登记、备案制度

批准、登记是政府对经济、文化、社会等各方面事务进行事前监管的重要手段，备案则是政府进行事后监管的重要方法。三者在促进经济社会发展中均发挥了重要作用，成为国家治理过程中不可缺少的重要方式。近年来，通过"放管服"改革，我国在批准、登记、备案工作上取得了很大成绩，但依然存在效率低下、收费不规范等问题，亟须完善。

（一）提高行政效率

部分行政机关工作效率低下，已经成为人民深恶痛绝的问题。比如，一项行政许可，法律规定的办理期限为十个工作日，明明可以三个工作日或者五个工作日办结并送达申请人，但工作人员往往到第十个工作日才办结。究其原因，可能有两点：一是确实工作效率低；二是敷衍塞责，故意拖拉。如何提高行政效率？对于前者，要加强学习和实践，努力提高工作熟练程度。卖油翁的故事告诉我们熟能生巧，工作熟练了，效率自然会提高。对于后者，要提高工作责任感、使命感。2013年3月19日，在接受金砖国家媒体联合采访时被问及每天的工作和生活情况，习近平总书记指出："对我来讲，人民把

我放在这样的工作岗位上，就要始终把人民放在心中最高的位置，牢记人民重托，牢记责任重于泰山。"①总书记告诉我们要心中装着人民群众，把人民群众的事情当成自己的事情办理，这样效率也不会低。

（二）加强诚信建设

守法诚信是法治政府建设的重要目标之一。《法治政府建设实施纲要（2015—2020年）》要求"发挥政府诚信建设示范作用，加快政府守信践诺机制建设。加强公务员诚信管理，建立公务员诚信档案"。②习近平总书记在兰考县委常委扩大会议上的讲话中，意味深长地提到著名的"塔西佗陷阱"。古罗马历史学家塔西佗提出了一个理论，说当公权力失去公信力时，无论发表什么言论、无论做什么事，社会都会给予负面评价。这就告诫政府要讲诚信。政府在批准、登记、备案公民、法人和其他组织从事相关活动后，依据信赖利益保护原则，除非出于公共利益需要，不得擅自作出变更，确需变更的，应依法予以补偿。《法治中国建设规划（2020—2025年）》进一步强调要"加强政务诚信建设，重点治理政府失信行为，加大惩处和曝光力度"。③

（三）规范行政收费

1990年12月17日，时任福州市委书记的习近平同志在全市纠正行业不正之风和治理"三乱"工作汇报交流会上指出："我们不能把乱收费、乱罚款、乱摊派只看作一般的社会不良现象，而要从加强党和人民政府同群众联系的高度上来认识治理'三乱'的重要性。我们必须清醒地看到，如果这次治理'三乱'图形式、走过场，就无法向全市人民交代，就会失去民心，失去群众。"④我国是行政收费大国，在批准、登记、备案过程中，政府往往会收取一定的费用。但目前有关行政收费的法治建设却不容乐观，存在收费权限不明、收费范围不清、收费标准模糊等问题。当前，在《民法典》颁行，进一步优化营商环境的大背景下，有必要从立法上规范行政收费的设定权限、收费条件和收费范围，制定统一的《行政收费法》⑤，从程序、监督、救济等方

---

① 《习近平谈治国理政（第一卷）》，外文出版社2014年版，第409页。
② 参见中共中央、国务院印发的《法治政府建设实施纲要（2015—2020年）》。
③ 参见中共中央印发的《法治中国建设规划（2020—2025年）》。
④ 《习近平治"三乱"》，载中国青年网 http://pinglun.youth.cn/zc/201605/t20160520_8025714.htm。
⑤ 应松年主编：《当代中国行政法（第四卷）》，人民出版社2018年版，第1648页。

面根治乱收费现象。

五、把行政监管融入政务服务之中

市场经济是法治经济，法治是最好的营商环境。依法对市场主体进行行政监管是法律法规和规章赋予政府的职责，为市场主体提供优质、高效的政务服务同样是政府的职责。因此，行政监管与政务服务是辩证统一的，偏离行政监管谈政务服务，或者背离政务服务谈行政监管都是不可取的。

（一）发挥行政监管"看得见的手"作用

目前，关于行政监管没有统一定义。通常认为，行政监管不包括行政处罚，这是以市场失灵为主要原因的政府干预行为，包括监管谈话、出具警示函、限制分配红利等。在我国，行政监管包括专门监管机构实施的监管（如证监会）和政府部门（如市场监管总局）实施的监管。[①] 使市场在资源配置中起决定性作用、更好发挥政府作用，既是一个重大理论命题，又是一个重大实践命题。科学认识这一命题，准确把握其内涵，对全面深化改革、推动社会主义市场经济健康有序发展具有重大意义。在市场作用和政府作用的问题上，要讲辩证法、两点论，"看不见的手"和"看得见的手"都要用好，努力形成市场作用和政府作用有机统一、相互补充、相互协调、相互促进的格局，推动经济社会持续健康发展。相较于市场"看不见的手"，行政监管属于"看得见的手"，"两只手"的作用都要发挥好。

（二）通过政务服务构建服务型政府

党的十九大报告要求，转变政府职能，深化简政放权，创新监管方式，增强政府公信力和执行力，建设人民满意的服务型政府。"党的一切工作必须以最广大人民根本利益为最高标准。我们要坚持把人民群众的小事当作自己的大事，从人民群众关心的事情做起，从让人民群众满意的事情做起，带领人民不断创造美好生活！"[②] 这为建设人民满意的服务型政府指明了方向。要坚

---

① 姜明安：《行政法》，北京大学出版社 2017 年版，第 398 页。
② 《习近平在中国共产党第十九次全国代表大会上的报告》，载《人民日报》2017 年 10 月 28 日第 1 版。

持以人民为中心，持续推进"放管服"改革，切实提供好各项政务服务，正确处理好政府和市场、政府和社会的关系，明确政府的职责边界，该由政府做的不缺位，该由市场和社会做的要放权到位。

（三）寓行政监管于政务服务之中

"治国有常，而利民为本。"以人民为中心的发展思想，不是一个抽象的、玄奥的概念，不能只停留在口头上、止步于思想环节，而要体现在经济社会发展各个环节。当前，通过加强政务服务实现行政监管目的，已经成为推进社会治理的一个有效路径。2020年1月1日实施的《优化营商环境条例》第四章、第五章分别规定了"政务服务"和"监管执法"，将监管与服务有机融合，共同对优化营商环境发挥了重要作用。近年来，浙江、江苏、深圳、湖北等地兴起了以"店小二"精神服务企业、群众的热潮。2016年，浙江省义乌市在全国首创设立"店小二"办公室。2020年，湖北省委办公厅、省政府办公厅印发《弘扬"店小二"精神"十必须十不准"》，要求全省各地各部门大力弘扬服务企业、群众"有呼必应、无事不扰"的"店小二"精神，做到"十必须十不准"。需要注意的是，在提倡"店小二"精神时应避免片面强调重商、亲商、护商，而不敢进行合法监管的倾向，应当寓行政监管于政务服务之中，实现政府与企业、政府与群众之间的良性互动。

六、建立合理的期间制度

高效也是法治政府建设的重要方面。对行政行为设立合理的期间，既是督促政府依法履行职责、提高效率的需要，也是提醒当事人及时行使自身权利的需要。无论对于授益行政行为，还是负担行政行为，设立合理的期间都至关重要。

（一）授益行政行为

对于行政许可、行政审批、行政给付等授益行政行为，应当规定法定时限。如果没有法律法规和规章规定，要设置合理时限，避免使用"及时""尽快"等模糊用语。行政许可、行政审批、行政给付等事项无正当理由超出法定时限或者合理时限的要依法予以问责。

（二）负担行政行为

对于行政处罚、行政强制等负担行政行为，也应设置合理的期间，避免行政行为一直处于不确定状态，造成社会秩序的不稳定。《行政处罚法》未明确规定政府部门作出行政处罚决定的统一期间，实践中通常由部门法或者部门规章予以规定。比如，《治安管理处罚法》规定适用一般程序的治安案件自受理之日起不得超过三十日。① 《市场监督管理行政处罚程序暂行规定》规定适用一般程序的案件应当自立案之日起九十日内作出处理决定。② 《农业行政处罚程序规定》规定适用一般程序案件应当自立案之日起六个月内作出处理决定。③ 上述三个部门规定的行政处罚期间最短的为三十日，最长的为六个月，差距如此之大值得反思。《行政许可法》《行政强制法》就行政许可期间、行政强制期间作了具体规定，作为"行政三法"之一的《行政处罚法》也应设立相对统一的行政处罚期间，以增强部门执法的统一性和规范性，更好地保护行政相对人的利益。

（三）行政期间制度之完善

相比较于刑事和民事期间制度，行政期间制度的规定较少。《刑事诉讼法》和《民事诉讼法》都分别详细规定了期间制度，而《行政诉讼法》仅在附则规定，人民法院审理行政案件，关于期间等内容，本法没有规定的，适用《民事诉讼法》的相关规定。随着全面依法治国的深入推进，行政法律关系将会越来越多地出现在国家治理和社会生活之中。《法治中国建设规划（2020—2025 年）》提出："对某一领域有多部法律的，条件成熟时进行法典

---

① 《治安管理处罚法》第九十九条第一款规定："公安机关办理治安案件的期限，自受理之日起不得超过三十日；案情重大、复杂的，经上一级公安机关批准，可以延长三十日。"

② 《市场监督管理行政处罚程序暂行规定》第六十四条第一款规定："适用普通程序办理的案件应当自立案之日起九十日内作出处理决定。因案情复杂或者其他原因，不能在规定期限内作出处理决定的，经市场监督管理部门负责人批准，可以延长三十日。案情特别复杂或者有其他特殊情况，经延期仍不能作出处理决定的，应当由市场监督管理部门负责人集体讨论决定是否继续延期，决定继续延期的，应当同时确定延长的合理期限。"

③ 《农业行政处罚程序规定》第五十八条第一款规定："农业行政处罚案件应当自立案之日起九十日内作出处理决定；因案情复杂、调查取证困难等需要延长的，经本农业行政处罚机关负责人批准，可以延长三十日。案情特别复杂或者有其他特殊情况，延期后仍不能作出处理决定的，应当报经上一级农业行政处罚机关决定是否继续延期；决定继续延期的，应当同时确定延长的合理期限。"

编纂。"① 学界也普遍呼吁借鉴《民法典》编纂经验，先行制定行政法通则或行政基本法，期间制度作为行政法通则或者行政基本法的重要内容有必要尽快予以完善。

七、强化对行政不作为的监督

对于政府而言，法定职责必须为，否则就是行政不作为。习近平总书记在中央政法工作会议上指出："天下之事，不难于立法，而难于法之必行。对执法司法状况，人民群众意见还比较多，社会各界反映还比较大，主要是不作为、乱作为特别是执法不严、司法不公、司法腐败问题比较突出。"② 全面建成法治政府需要进一步强化对行政不作为的监督。

（一）政府要加强自身监督

习近平总书记指出："自我监督是世界性难题，是国家治理的哥德巴赫猜想。我们要通过行动回答'窑洞之问'，练就中国共产党人自我净化的'绝世武功'。"③ 做好自我监督就能够积极作为，避免不作为。近年来，江苏泰州、浙江丽水、四川绵阳等地设立"蜗牛奖""刺猬奖""鸵鸟奖"，主动曝光政府内部不作为、慢作为、乱作为，加大对有关责任人的追责力度，有效落实了行政执法责任制和责任追究制度。

（二）通过复议诉讼监督不作为

当前，针对行政不作为，当事人主要通过向其上级机关或者主管部门申请行政复议，由复议机关决定被申请人在一定期限内履行法定职责。要进一步加强和改进行政复议工作，强化行政复议监督功能，加大对违法不作为和不当行政行为的纠错力度。相较于行政复议而言，行政诉讼虽然也将行政不作为纳入受理范围，但仍有诸多方面需要完善，比如，行政不作为的责任赔偿问题、检察公益诉讼完善问题等。

---

① 参见中共中央印发的《法治中国建设规划（2020—2025 年）》。
② 习近平：《论坚持全面依法治国》，中央文献出版社 2020 年版，第 45 页。
③ 《习近平谈治国理政（第三卷）》，外文出版社 2020 年版，第 511 页。

（三）发挥纪检监察机关和全媒体的监督作用

作为专司党员干部监督的部门，纪检监察机关要充分发挥专业作用，用好用足相关政策，对那些不作为、慢作为的干部坚决问责、依法依纪果断处理。习近平总书记指出："现在，人人都有摄像机，人人都是麦克风，人人都可发消息，执法司法活动时刻处在公众视野里、媒体聚光灯下。"[①]"新闻媒体要加强对执法司法工作的监督，但对执法司法部门的正确行动，要予以支持，加强解疑释惑，进行理性引导，不要人云亦云，更不要在不明就里的情况下横挑鼻子竖挑眼。"[②]我们要按照总书记要求积极引导报纸、电视、网络、自媒体等全媒体正确发挥舆论监督作用。

八、进一步完善不停止执行制度

关于行政机关作出行政行为后，当事人申请行政复议或者提起行政诉讼是否停止执行问题，目前，我国执法司法实践遵循的是以"不停止执行为原则，停止执行为例外"。

（一）不停止执行原则规定

从立法本意看，行政行为不停止执行，是由行政行为自身的公定力、拘束力和执行力所决定的。相关规定主要体现在《行政处罚法》《行政复议法》《行政诉讼法》中。《行政处罚法》第七十三条规定："当事人对行政处罚决定不服，申请行政复议或者提起行政诉讼的，行政处罚不停止执行"。《行政复议法》第四十二条规定："行政复议期间具体行政行为不停止执行。"《行政诉讼法》第五十六条规定："诉讼期间，不停止行政行为的执行。"

（二）停止执行例外情形

《行政处罚法》未列举例外情形，仅笼统规定"法律另有规定的除外"。《行政复议法》列举了四类可以停止执行的情形：一是被申请人认为需要停止执行的；二是行政复议机关认为需要停止执行的；三是申请人申请停止执行，行政复议机关认为其要求合理，决定停止执行的；四是法律规定停止执

[①] 习近平：《论坚持全面依法治国》，中央文献出版社 2020 年版，第 53 页。
[②] 习近平：《论坚持全面依法治国》，中央文献出版社 2020 年版，第 53 页。

行的。《行政诉讼法》列举了四类"裁定停止执行"的情形：一是被告认为需要停止执行的；二是原告或者利害关系人申请停止执行，人民法院认为该行政行为的执行会造成难以弥补的损失，并且停止执行不损害国家利益、社会公共利益的；三是人民法院认为该行政行为的执行会给国家利益、社会公共利益造成重大损害的；四是法律、法规规定停止执行的。相比较于《行政处罚法》《行政复议法》，《行政诉讼法》赋予了"法规"可以规定停止执行的权力，并规定当事人对停止执行或者不停止执行的裁定不服的，可以申请复议一次。

（三）"不停止执行"与"停止执行"之完善

近年来，随着执法司法实践的发展，学界开始对"不停止执行为原则，停止执行为例外"这一做法进行反思。著名行政法学者应松年教授指出："《行政诉讼法》需要检讨的地方不少，其中行政诉讼不实行调解、起诉不停止执行就是两个最明显的例子。"[①]"关于起诉不停止执行，在实践中，最难办的就是拆房子。房子拆了，再胜诉有什么用？罚款也有个问题：处罚决定书载明，几月几日之前必须交罚款，晚了就要交滞纳金。你去打官司，不是起诉不停止执行吗？等你败诉了，行政机关秋后算账，这个数额大得很哪！起诉不停止执行是在司法最终裁决原则形成之前的观点。现在都已实行司法最终裁决，在司法最终裁决前，行政决定怎么可以执行呢？"[②]《法治中国建设规划（2020—2025年）》提出："努力让人民群众在每一项法律制度、每一个执法决定、每一宗司法案件中都感受到公平正义。"[③]笔者认为，应重新反省"不停止执行为原则，停止执行为例外"，努力作类型化处理，对于可能影响当事人权利，或者难以恢复的情形要停止执行。相反，如果停止执行事项对当事人权利没有实质影响则不需要停止执行。比如，规划项目已经明确且已依法办理相关手续，大多数人已完成搬迁，再纠结规划是否合理没有实际意义，当事人申请行政复议或者提起行政诉讼的目的只是争取足额补偿，没有必要让整个工程全部停止。

---

① 应松年口述，何海波整理：《与法同行》，中国政法大学出版社2015年版，第105页。
② 应松年口述，何海波整理：《与法同行》，中国政法大学出版社2015年版，第106页。
③ 参见中共中央印发的《法治中国建设规划（2020—2025年）》。

九、对行政违法行为进行类型化处理

为更好地推进法治国家、法治政府和法治社会建设，有必要将行政违法行为细化为行政主体的违法行为和行政相对人的违法行为，并分别予以类型化处理。

（一）行政主体的违法行为

监督和纠正行政主体违法行为的最重要手段是行政诉讼。因此，对行政主体违法行为的类型化处理可以通过行政诉讼的类型化来推动。在司法实践中，行政争议种类繁多，相应地，行政诉讼案件也有很多类型，但《行政诉讼法》未对不同类型的案件审理方式、裁判方式和执行方式作出具体规定。我国行政诉讼类型化不足，极大地影响了司法审查的质量和水平，以及行政审判的法律效果和社会效果。笔者认为，类型化的行政诉讼大致包括：一是撤销诉讼。当事人要求法院撤销行政机关的行政行为，即为撤销诉讼。撤销诉讼适用的判决只能是撤销判决。二是确认之诉。是指当事人要求法院确认被诉的行政行为违法或无效或不成立的诉讼。确认之诉的裁判方式只能是确认判决。三是给付之诉。一般是指当事人要求法院判决行政机关作出除行政行为以外各种行为的诉讼，通常称为行政不作为诉讼。裁判方式是给付判决，即要求行政机关在一定期限内为某种行为。[①]

（二）行政相对人的违法行为

针对行政相对人的违法行为，行政机关主要通过行政处罚来制裁。《行政处罚法》对行政处罚的种类采用了列举式。该法第九条列举了警告、罚款等五类行政处罚，并设置了兜底条款。从执法司法实践来看，列举式已无法满足现实需要。对行政处罚进行类型化处理，是一个较好办法，可以用归类的方式代替列举，分别规定为人身罚、财产罚、行为罚、声誉罚、资格罚等。习近平总书记指出："对滥用查封扣押、冻结财产等强制措施，把民事纠纷刑事化，搞选择性执法、偏向性司法的，要严肃追责问责。"[②]因此，行政机关在

---

① 江必新：《行政审判的理念、政策与机制》，人民法院出版社 2019 年版，第 60~61 页。

② 习近平：《论坚持全面依法治国》，中央文献出版社 2020 年版，第 254~255 页。

作出行政处罚、行政强制等行政行为时，应按照比例原则，尽可能减少对行政相对人生产、经营产生的负面影响。

十、建立完善的责任体系

有权必有责、有责要担当、失责必追究。当前，在一些地方和领域，依然存在责任不明确、归责不理性、问责不科学等问题，需要进一步予以完善。

（一）责任要明确

习近平总书记在主持中共十八届中央政治局第二十四次集体学习时指出："有些法规制度为什么执行不了、落实不下去？就是因为责任不明确、奖惩不严格，违反了法规制度怎么惩罚无章可循。"[1] 如何做到责任明确？一是责任要具体。要以责任清单、责任书、责任状等形式细化具体责任，使责任规范具有可操作性。二是要明确责任主体。要明确某项责任的落实主体，避免出现推诿扯皮等情况。三是奖惩要分明。习近平总书记指出："支持、保护、重用敢抓敢干、敢于负责、善于负责的领导干部；批评、教育、处理不敢负责、不愿负责甚至失职渎职的干部，这是我们的一贯立场和做法。"[2] 对于具有担当精神、履行责任到位的，要及时进行奖励，对于失责的要严格追责，发挥好正向激励与反向惩戒的作用。

（二）归责要理性

所谓理性归责，是指在责任认定时不仅要依法、公平、公正，还要讲究效率原则。比如，根据原《合同法》的规定，违约方无权请求终止合同，即使违约方愿意赔偿且能够赔偿。但是，如果违约方继续履行合同，给自身造成的损失比违约损失更大，这种情况下为什么要强制违约方继续履行合同呢？法律应当赋予违约方终止履行合同的权利，除非根据合同性质不能

---

① 习近平：《论坚持全面依法治国》，中央文献出版社 2020 年版，第 153 页。
② 习近平：《之江新语》，浙江人民出版社 2007 年版，第 229 页。

终止或者不能解除。虽然《全国法院民商事审判工作会议纪要》①和《民法典》②在赋予违约方向人民法院或者仲裁机构提起解除合同权方面做了有益探索,但同真正赋予违约方终止履行合同的权利仍有距离。除了民事责任归责外,相应地,我们要反思在刑事责任归责、行政责任归责中是否也存在类似问题。

(三)问责要科学

动员千遍,不如问责一次。但现实中也存在不会问责、滥用问责等问题。如何做到科学问责?一是问责要依法。要严格依据《公务员法》《监察法》《行政机关公务员处分条例》《党章》《关于新形势下党内政治生活的若干准则》《中国共产党党内监督条例》《中国共产党问责条例》等法律法规进行。二是问责要具体。问责的内容、对象、事项、主体、程序、方式都要制度化、程序化。问责既要对事,也要对人,要问到具体人头上。三是问责要避免泛化。

实践中,一些干部不敢作为,存在"做的多错的多"和"不求无功但求无过"的思想,究其原因是当前一些地方存在问责泛化的倾向,很大程度上影响了干部工作的主动性。习近平总书记在2016年省部级主要领导干部贯彻党的十八届五中全会精神专题研讨班上的讲话中指出:"要把干部在推进改革中因缺乏经验、先行先试出现的失误和错误,同明知故犯的违纪违法行为区分开来;把上级尚无明确限制的探索性试验中的失误和错误,同上级明令禁止后依然我行我素的违纪违法行为区分开来;把为推动发展的无意过失,同

---

① 参见《全国法院民商事审判工作会议纪要》第四十八条:"违约方不享有单方解除合同的权利。但是,在一些长期性合同如房屋租赁合同履行过程中,双方形成合同僵局,一概不允许违约方通过起诉的方式解除合同,有时对双方都不利。在此前提下,符合下列条件,违约方起诉请求解除合同的,人民法院依法予以支持:(1)违约方不存在恶意违约的情形;(2)违约方继续履行合同,对其显失公平;(3)守约方拒绝解除合同,违反诚实信用原则。人民法院判决解除合同的,违约方本应当承担的违约责任不能因解除合同而减少或者免除。"

② 参见《民法典》第五百八十条:"当事人一方不履行非金钱债务或者履行非金钱债务不符合约定的,对方可以请求履行,但是有下列情形之一的除外:(一)法律上或者事实上不能履行;(二)债务的标的不适于强制履行或者履行费用过高;(三)债权人在合理期限内未请求履行。有前款规定的除外情形之一,致使不能实现合同目的的,人民法院或者仲裁机构可以根据当事人的请求终止合同权利义务关系,但是不影响违约责任的承担。"

为谋取私利的违纪违法行为区分开来。"① 此后，中央办公厅印发了《关于进一步激励广大干部新时代新担当新作为的意见》，明确提出在干部使用上要坚持严管和厚爱结合、激励和约束并重，建立健全容错纠错机制，这在很大程度上解决了问责泛化问题。

---

① 参见《习近平在省部级主要领导干部贯彻党的十八届五中全会精神专题研讨班上的讲话》，载《人民日报》2016 年 5 月 10 日第 2 版。